【"教育之乡"的利市源头】

南通千年古教育

NANTONG QIANNIAN GUJIAOYU

孙模 著

苏州大学出版社
Soochow University Press

图书在版编目（CIP）数据

南通千年古教育 / 孙模著. — 苏州：苏州大学出版社，2021.1
（江海文化丛书 / 姜光斗主编）
ISBN 978-7-5672-3419-2

Ⅰ.①南… Ⅱ.①孙… Ⅲ.①地方教育—教育史—南通—古代 Ⅳ.①G527.533

中国版本图书馆CIP数据核字（2021）第002667号

书　　名	南通千年古教育	
著　　者	孙　模	
策划编辑	薛华强	
责任编辑	杨　柳	
出版发行	苏州大学出版社	
	（苏州市十梓街1号　215006）	
印　　刷	南通超力彩色印刷有限公司	
开　　本	890 mm×1 240 mm　1/32	
印　　张	6	
字　　数	150千	
版　　次	2021年1月第1版	
	2021年1月第1次印刷	
书　　号	ISBN 978-7-5672-3419-2	
定　　价	28.00元	

苏州大学版图书若有印装错误，本社负责调换
苏州大学出版社营销部　电话：0512-65225020
苏州大学出版社网址　http://www.sudapress.com

"江海文化丛书"编辑委员会

主　　　任：周剑浩
委　　　员：李明勋　姜光斗　李　炎　季金虎
　　　　　　施景铃　沈启鹏　周建忠　尤世玮
　　　　　　徐国祥　胡泓石　沈玉成　黄建辉
　　　　　　陈国强　赵明远　王加福　房　健

总　　　编：尤世玮
副　总　编：沈玉成　胡泓石

"江海文化丛书"总序

李 炎

由南通市江海文化研究会编纂的"江海文化丛书"（以下简称"丛书"），从2007年启动，2010年开始分批出版，兀兀穷年，终有所获。思前想后，感慨良多。

我想，作为公开出版物，这套"丛书"面向的不仅是南通的读者，必然还会有国内其他地区甚至国外的读者。因此，简要地介绍南通市及江海文化的情况，显得十分必要，这样便于了解南通的市情及其江海文化形成的自然环境、社会条件和历史过程；同时，出版这套"丛书"的指导思想、选题原则和编写体例，一定也是广大读者所关心的，因此，介绍有关背景情况，将有助于阅读和使用这套"丛书"。

南通市位于江苏省中东部，濒江（长江）临海（黄海），三面环水，形同半岛；背靠苏北腹地，隔江与上海、苏州相望。南通以其独特的区位优势及人文特点，被列为我国最早对外开放的14个沿海港口城市之一。

南通市所处的这块冲积平原，是由于泥沙的沉积和潮汐的推动而由西北向东南逐步形成的，俗称江海平原，是一片古老而又年轻的土地。境内的海安县沙岗乡青墩新石器文化遗址告诉我们，距今5 600年左右，就有先民在此生息繁衍；而境内启东市的成陆历史仅300多年，设县治不过80余年。在漫长的历史过程中，这里有沧海桑田的变化，有八方移民的杂处；有四季分明、雨水充沛的"天时"，有产盐、植棉的"地利"，更有一代代先民和谐共存、自强不息的"人和"。19世纪末20世纪初，这里成为我国实现早期现代化的重要城市。晚清状元张謇办实业、办教育、办慈善，以先进的理念规划、建设、经营城市，南通走出了一条与我国近代商埠城市和曾被列强所占据的城市迥然不同的发展道路，被誉为"中国近代第一城"。

南通于五代后周显德五年（958）筑城设州治，名通州。北宋时一度（1023—1033）改称崇州，又称崇川。辛亥革命后废州立县，称南通县。1949年2月，改县为市，市、县分治。1983年，南通地区与南通市合并，实行市管县新体制至今。目前，南通市下辖海安、如东二县，如皋、海门、启东三市，崇川、港闸、通州三区和国家级经济技术开发区；占地8 001平方千米，常住人口约770万，流动人口约100万。据国家权威部门统计，南通目前的总体实力在全国大中城市（不含台、港、澳地区）中排第26位，在全国地级市中排第8位。多年来，由于各级党委、政府的领导及全市人民的努力，南通获得了"全国文明城市""国家历史文化名城""全国综合治理先进城市""国家卫生城市""国家环保模范城市""国家园林城市"等称号，并有"纺织之乡""建筑之乡""教育之乡""体育之乡""长寿之乡""文博之乡"等美誉。

江海文化是南通市独具特色的地域文化，上下五千年，南北交融，东西结合，具有丰富的历史内涵和深邃的人文精神。同其他地域文化一样，江海文化的形成，不外乎两种主要因素，一是自然环境，二是社会结构。但她与其他地域文化不尽相同之处是：由于南通地区的成陆经过漫长的岁月和不同阶段，因此移民的构成呈现多元性和长期性；客观上又反映了文化来源的多样性以及相互交融的复杂性,因而使得江海文化成为一种动态的存在,是"变"与"不变"的复合体。"变"的表征是时间的流逝,"不变"的表征是空间的凝固;"变"是组成江海文化的各种文化"基因"融合后的发展,"不变"是原有文化"基因"的长期共存和特立独行。对这些特征、这些传统,需要全面认识,因势利导,也需要充分研究和择优继承,从而系统科学地架构起这一地域文化的体系。

正因为江海文化依存于独特的地理、自然环境,蕴含着自身的历史人文内涵,因而她总会通过一定的"载体"体现出来。按照联合国教科文组织的分类,"文化遗产"可分为四类,即自然遗产、文化遗产、自然与文化遗产、非物质文化遗产。而历史文化人物、历史文化事件、历史文化遗址、历史文化艺术等,又是这四类中常见的例证。譬如,我们说南通历代人文荟萃、名贤辈出,可以随口道出骆宾王、范仲淹、王安石、文天祥、郑板桥等历代名人在南通留下的不朽篇章和逸闻轶事;可以随即数出三国名臣吕岱,宋代大儒胡瑗,明代名医陈实功、文学大家冒襄、戏剧泰斗李渔、曲艺祖师柳敬亭,清代扬州八怪之一的李方膺等南通先贤的生平业绩;进入近代,大家对张謇、范伯子、白雅雨、韩紫石等一大批南通优秀儿女更是耳熟能详;至于说现当代的南通籍革命家、科学家、文学家、艺术家以及各行各业的优秀人才,也是不胜枚举。在他们身上,都承载着江海文化的优秀传统和人文精神。同样,其他类型的历史文化也都是认识南通和江海文化的亮点与切入口。

本着"文化为现实服务,而我们的现实是一个长久的现实,因此不能急功近利"的原则,南通市江海文化研究会在成立之初,就将"丛书"的编纂作为自身的一项重要任务。

我们试图通过对江海文化的深入研究,将其中一部分能反映江海文化特征，反映其优秀传统及人文精神的内容和成果，系统整理、编纂出版"江海文化丛书"。这套"丛书"将为南通市政治、经济、社会全面和谐发展提供有力的文化支撑，为将南通建成文化大市和强市夯实基础，同时也为"让南通走向世界，让世界了解南通"做出贡献。

"丛书"的编纂正按照纵向和横向两个方向逐步展开。

纵向——将不同时代南通江海文化发展史上的重要遗址（迹）、重大事件、重要团体、重要人物、重要成果经过精选，确定选题，每一种写一方面具体内容，编纂成册；

横向——从江海文化中提取物质文化或非物质文化的精华，如"地理变迁""自然风貌""特色物产""历代移民""民俗风情""方言俚语""文物名胜""民居建筑""文学艺术"等，分门别类，进行归纳，每一种写一方面的内容，形成系列。

我们力求使这套"丛书"的体例结构基本统一，行文风格大体一致，每册字数基本相当，做到图文并茂，兼有史料性、学术性和可读性。先拿出一个框架设想，通过广泛征求意见，确定选题，再通过自我推荐或选题招标，明确作者和写作要求，不刻意强调总体同时完成，而是成熟一批出版一批，经过若干年努力，基本完成"丛书"的编纂出版计划。有条件时，还可不断补充新的选题。在此基础上，最终完成《南通江海文化通史》《南通江海文化学》等系列著作。

通过编纂"丛书"，我有四点较深的体会：

一是有系统深入的研究基础。我们从这套"丛书"，看到了每一单项内容研究的最新成果，作者都是具有学术素养的资料收集者和研究者；以学术成果支撑"丛书"的编纂，增强了它的科学性和可信度。

二是关键在广大会员的参与。选题的确定，不能光靠研究会领导，发动会员广泛参与、双向互动至关重要。这样不仅能体现选题的多样性，而且由于作者大多出自会员，他们最清楚自己的研究成果及写作能力，充分调动其积极性，可以提高作品的质量及成书的效率。

三是离不开各个方面的支持。这包括出版经费的筹措和出版机构的运作。由于事先我们主动向上级领导汇报，向有关部门宣传，使出版"丛书"的重要性及迫切性得到认可，基本经费得到保证；与此同时，"丛书"的出版得到苏州大学出版社的支持，出版社从领导到编辑，高度重视和大力配合；印刷单位全力以赴，不厌其烦。这大大提高了出版的质量，缩短了出版周期。在此，由衷地向他们表示谢意和敬意！

四是有利于提升研究会的水平。正如有的同志所说，编纂出版"丛书"，虽然有难度，很辛苦，但我们这代人不去做，再过10年、20年，就更没有人去做，就更难做了。我们活在世上，总要做些虽然难但应该做的事，总要为后人留下些有益的精神财富。在这种精神的支撑下，我深信研究会定能不辱使命，把"丛书"的编纂以及其他各项工作做得更好。

研究会的同人嘱我在"丛书"出版之际写几句话。有感而发，写了以上想法，作为序言。

2010年9月

（作者系南通市江海文化研究会第一届、第二届会长）

目　录

前　言 ……………………………………………… 1

第一章　伟大的教育家胡瑗 …………………………… 1

第二章　官学和私学中的学塾 ………………………… 15

第三章　地方官学和学官 ……………………………… 27

第四章　书院与书院的官学化 ………………………… 38

第五章　学宫，庙学合体之文庙 ……………………… 57

第六章　学宫，庙学合体之儒学 ……………………… 81

第七章　生员与种种考试 ……………………………… 97

第八章　"出学"后的科举试 ………………………… 117

第九章　"出学"与选贡 ……………………………… 142

第十章　古教育的尾声 ………………………………… 151

南通古代教育大事记 …………………………………… 156

前 言

　　本书记述的是南通的教育。上自境内如皋县建县学的南唐保大十年（952），为南通的教育第一次留下了文字记载，是一个有特殊纪念意义的年份。下迄清光绪二十九年（1903）通州民立师范学校开学，这既标志着南通进入近代教育的发展阶段，也标志着古教育在南通的终结。南通实施古教育前后950余年，取其成数，故称"南通千年古教育"。

　　本书里的"南通"是指中华人民共和国成立之初，时属苏北行政公署的南通行政区和南通市的辖区，并上溯到这一境域内历史上曾有的行政区划。南通行政区先后辖海安、如皋、如东、南通、海门、启东六县，它们分布在南通市的周边。

　　南通东临黄海，南濒长江，远古时候本是汪洋大海，西北部的海安、如皋成陆最早。20世纪70年代，考古人员曾在海安青墩发现了约5 000余年前人类活动的遗存。汉代，如皋东的大海里有一片沙洲，史称"扶海洲"，沙洲不断发育扩大，约于5世纪以后和西边的大陆并接起来，时为如皋东部，后属如东县境。约在唐代，长江入海处的胡逗洲（又作"壶豆洲"）和南布洲、东社、长沙等沙洲并接，不断扩大范围，又与其北面的如皋并接，成为后来的通州地，后又演变为南通市市区和通州县境。胡逗洲连陆的同时，其东出现了东洲、布洲等沙洲的并接，约在10世纪中期成为东布洲。后周显德五年（958），海门县在此洲设立；但从元到清，海门县沿江地带相继坍塌，几乎全部被水淹没。18世纪初，通州东部的江中又出现了一个个小沙洲，和原先属通州、崇明的小沙洲，一共有42个，在与通州或相互间陆续并接后，清政府于乾隆三十三年

南宋地理总志《舆地纪胜》中关于通州记载的书影

（1768）在这里设置了直隶江宁布政使司的海门厅。海门厅东南方还有一些沙洲，从19世纪末到20世纪初，逐渐和陆地相连，民国17年（1928），政府在这里成立了启东县，至此，南通的境域自西北而东南大体形成了。

历史上南通县以上行政建制设立的时间与它成陆的先后有关，大体上也是先西北而后东南。据史书记载：境内最早是东晋安帝义熙七年（411）建的如皋县；海安县始设于南朝宋泰始七年（471），后撤了又建，建了又撤，直到民国32年（1943）重新设县（初名"紫石县"，后改称"海安县"）；通州设州前有五代十国时（约919）杨吴设置的静海都镇，南唐保大初年（约943）设静海都镇制置院，后周显德五年（958）设静海军，旋改设通州，同时设静海、海门两属县。宋政和年间（1111—1118），通州曾改称"通州郡"；元世祖至元十五年至二十一年（1278—1284）通州升为通州路，不久又恢复为州。明初撤静海县，清初废海门县为乡。直到清乾隆

三十三年（1768）另设海门厅，民国17年（1928）设启东县。至于如东县从如皋县析出，南通市从南通县析出，那已是20世纪40年代的事了，距如皋县始设有1 500余年。

社会发展到一定的阶段，教育便有相应的发展。北宋时，如皋县的民间教育为培养胡瑗这样享誉全国的教育家做了最成功的启蒙。民间教育最普及的是兴办学塾，施行蒙养教育，北宋时通州和如皋县又出现了民间私人讲学的书院。朝廷为维护和巩固其统治，行使中央集权，在各级地方行政建制按统一的规定设置地方官学，以培养为自己服务的人才。南通境内古代按朝廷统一的规定，在不同的时期内随行政建制的变迁，其官学曾有郡学、道学、州学（含与府学同级别的直隶州学）、厅学、县学。这些官学都有自己的施教职能，如有实施专科教育的医学和阴阳学，元代还设独有的蒙古字学；此外，南通境内还有官学化书院，蒙养教育中也出现了官办的小学、义学、社学。但是，这些官学都无法与儒学相提并论，在汉武帝"罢黜百家，独尊儒术"后，历代王朝都以儒家孔孟之道治国、御民，以传播儒家思想、传授儒家经籍为主要任务的儒学教育自然至尊至独大，以至古代官学未加专指，"学校"一词就变成专指"儒学"了。

南通境内五代之前，曾设过如皋和海安两县，而后又被废置，没有留下有关官学的文字记载。到了南唐保大十年（952）复设如皋县，当年就设立了如皋县儒学。这是南通境内设立的第一个地方官学。而海安县在唐开元十年（722）第二次被废置后，1 000余年里都没能恢复县的建制，因而也就一直没有自己的县学。通州和静海、海门两属县在后周显德五年（958）建州、建县后，才有州、县的地方官学。海门厅成陆在后，行政设置也迟，它的官学直到清嘉庆十七年（1812）才设立。启东成陆、建县更迟，如东县在民国后期才设立，这两个县都没有自己的县学。

地方官学也有因行政建制裁减而撤销的，静海县和海门县就是如此。明洪武二年（1369），朝廷决定废静海县，其县学也就随之消失了。海门县县学因县境不断坍塌而三易其址，清康熙十一年（1672），海门县改为海门乡，海门县县学遂废，但保留其学额并附于通州州学。清乾隆三十三年（1768），因新设海门厅，避免地名混同，海门乡改称"静海乡"，原海门县学的学额归属于静海乡。

随着地方行政建置级别的变化，其地的官学也有相应的跟进。通州历史上存在时间最长的是州学；宋政和七年（1117）通州改为通州郡，虽然为时不久，但州学升一级为郡学；元至元十五年至二十一年（1278—1284），通州升为通州路，州学升为路学，路学不仅设儒学，还有蒙古字学、医学、阴阳学。通州在清雍正二年（1724）升为直隶州，与府同级别，州学也就与府学相等了。政府对地方官学的管控是很严格的，制定了详尽的规制，不同级别的地方官学有统一的学额数、学生贡举数，有统一的教官品级规定，就连学生的考试地点也有规定。通州在升直隶州前属扬州府，规定要到泰州参加院试，成为直隶州后便可在本地参加院试。

有关地方官学尤其是地方儒学的内容将是本书记述南通古代教育的重点。

南通的儒学先后共建有五座，以时间先后为序，计有如皋县学、通州州学（曾升为郡学、路学）、海门县学、静海县学、海门厅学。它们在本州（县）都有规制的建筑群，其布局全国基本相同，清代在一条中轴线上，自南至北为竖着明嘉靖帝《敬一箴》的敬一亭、明伦堂、尊经阁；明伦堂前有东、西对称的堂舍。各地儒学都立有清顺治帝撰文的《卧碑》和清康熙帝的《训饬士子文》碑。明伦堂是儒学的主体建筑，教官在此实施教育，儒学生员（学生）学习儒学经典，开展如"乡饮""宾兴""重游（宴）泮水、鹿鸣、琼林"等活动。各地儒学兴起的同时，几乎都一起兴建本地的文庙，形成庙学合体的学宫，南通诸学宫俱为前庙后学，文庙建筑全国也大体一致，自南而北，依次为泮池、戟门、大成殿，俱在儒学建筑中轴线的南延线上，还设启圣殿、大成殿和东西两庑，另附设名宦祠和乡贤祠等建筑，泮池前还有为学宫壮威的牌坊若干座。相当长的时间，人们只注意到文庙祭祀孔子和孔门弟子的隆重仪式，把它看作祭祀先圣的场所，却忽视了文庙的祭祀具有弘扬儒学思想、传播儒家伦理道德的社会教育功能。20世纪八九十年代各地编纂的《教育志》都未记述其地的文庙和祭孔活动，便是其表现。本书对南通历史上曾有的儒学和文庙的学宫用了相当多的篇幅加以记述。

　　各地学宫是教育、培养人才的场所，本来和选任人才的科举是分道而行的，但二者却变得密不可分，"你中有我，我中有你"，甚至合为一体，譬如生员"入学"（俗称"秀才"），在科举制度中为起始一级，而后逐级上升，即经乡试、会试、殿试三级为举人、贡士、进士，三级之首分别为解元、会元、状元，"连中三元"是科举的超级佳话。而在地方儒学"入学"时童生的"童子试"，是儒学的"入学试"还是"科举试"，实在难以区分。学校教育为科举制度选拔人才提供了保证，科举制度在一定程度上反映了办学的成绩和水平，促进了学校的发展。清朝，全国共出了114位状元，江苏一省就拥有49位，而苏州一府就有26位。遗憾的是，相当一段时间后，由于科举制度有多种弊病，无可挽回地走向了衰亡，因此人们在记述古代教育时甚至避开科举。如，在1991年出版的《苏州教育志》中只有《旧学简志》记有府学、县学规模的演变，未见有关科举的一字记述。2000年出版的《江苏省志·教育志》仅在"古代教育"一节中记了太平天国的科举，却不记清代以前的科举。仅有《科举名录》统计了江苏历朝状元、榜眼、探花和明、清进士数。本书尝试将应科举试纳入南通古教育中,交代从"入学"到"出学",即从进入地方儒学到毕业的全过程。

毋庸讳言,南通成陆和建立地方行政建置俱较晚。但北宋时这里便诞生了伟大的教育家胡瑗;在中央太学,通州解送的学生成绩优秀,通州因而誉满全国,被称为"利市州";又皇帝亲擢如皋籍王俊乂为"释褐状元"。可就全国教育总体而言,南通教育仅属中游。编写本书仅为整理地方古

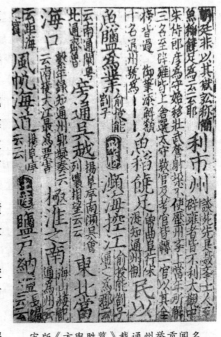

宋版《方舆胜览》载通州举贡闻名全国,而获"利市州"之誉的书影

教育史料,为中国教育史库提供一份收藏,也期待此书能为后人了解南通乃至全国的古代教育提供一些具体的感性的知识。南通在古代教育终结的同时,也开始进入近代教育的诞生发展阶段。以张謇为代表的一批近代教育开拓者,奋然崛起,10余年间,在南通自觉有序地建成了从学前教育到高等教育的各级各类学校,且在师范教育、特殊教育、职业教育、艺术教育和学校运动诸方面处于全国领先的地位。难怪民国9年(1920)亲访南通的美国著名哲学家、教育家杜威有"望南通成为世界教育中心"的期待。南通近代教育的佳绩,还有待于研究者见诸笔端。

第一章 伟大的教育家胡瑗

胡瑗生于北宋太宗淳化四年(993),他无论是在教育实施方面,或是在教育理论建树方面,还是在培养人才、泽被后世方面,都具有卓越的成就,堪称"中国伟大的教育家"。后人评道:"自秦汉以来,师道之立,未有过瑗者。"胡瑗逝世后,宋神宗为他的画像撰赞:"……师任而尊,如泰山屹峙于诸峰;法严而信,如四时迭运于无穷……敦尚本实,还隆古之谆风;倡明正道,开来学之颛蒙。载瞻载仰,谁不思公?诚斯文之模范,为后世之钦崇。"著名的政治家、文学家欧阳修和蔡襄分别为胡瑗撰写了《胡先生墓表》和《太常博士致仕胡君墓志》,两人都给胡瑗以极高的评价。

人们常以"安定先生"称胡瑗,一说他的祖籍在陕西安定堡(今陕西子长),其祖至泰州任职,迁居时属泰州之如皋县;另说其父胡讷任宁海军节度推官,离任后因"家贫",举家迁居至如皋县南门外约十里的宁海乡胡家村(今如皋市皋南镇安定村),胡瑗即诞生于此。如皋县在1950年划归苏北南通行政区,1983年由南通市管辖,他的出生地也就划入南通市了。

20多岁的胡瑗为进修学业,避免家事、世事的干扰,赴泰山隐居,住南麓的清真观,专心治学。其间与石介(字守道,1005—1045)、孙复(字明复,992—1057)为友,共同研究儒家经典与各家之学,石、孙二人后来俱成为著名的学者、教育家,与胡瑗一起有"宋初三先生"之称,开了宋世学术之盛的先河。

苦读10年后,胡瑗离开泰山回到南方,开始了他的教育生涯。他先是在家乡和吴中(今苏州一带)开办私学,讲授儒家经典。由于学识渊博,教学认真,不几年他便远近闻名。以

胡安定先生像

天章阁待制来知苏州的范仲淹于北宋景祐二年(1035)获朝廷准奏,创立苏州郡(府)学(《江苏省教育志》2000年版与《苏州教育志》1991年版均作"苏州府学",称"郡",但用了"府"的古称)。范仲淹用原拟建造私宅的南园地兴建郡学,南园高木清流,交阴酾酾,本是吴越文穆王钱元瓘的别墅。范仲淹对于胡瑗这位富有教育经验的学者和教育家尊重又敬佩,苏州郡学建成后便聘请胡瑗任教授。

胡瑗一生从事教育,主要经历了苏州郡学、湖州州学和太学三个阶段,自任苏州郡学教授为始。

景祐二年(1035)十月,经范仲淹向朝廷举荐,精于音律的胡瑗奉诏赴京师参加朝廷更定雅乐事宜,数月后回到苏州继续任教。在苏州郡学幽静清雅的环境中,胡瑗以他丰

富精深的教学内容、新颖多彩的教学方法吸引了远近很多的求学者。胡瑗又为苏州郡学制定了严密的学规,以保证正常的教学秩序。开始,有学生因不习惯严格管束而离校,范仲淹见此为之担忧,遂送其子纯祐入郡学,纯祐尊师好学,"尽行其规",其他学生纷纷效法,学校很快形成"沉潜、笃实、醇厚、和易"的学风。范仲淹后又送次子纯仁入郡学。郡学初建时,仅有学生20余人,有人担心校舍太大,但范仲淹却以为:"吾恐异日以为小也。"他的担心不久便成了事实,学生果然陡增,苏州郡学由此名冠东南,成为当时各地学校的楷模,正是"吴郡有学,起范文正公(仲淹);而学有教法,起胡安定"。

景祐二年(1035)至宝元二年(1039),除在朝廷论乐的几个月外,胡瑗都在苏州郡学潜心执教。

由于西夏入边,康定元年(1040),范仲淹被任命为陕西经略安抚副使兼延州知州,他邀胡瑗同行,并被任命为丹州(今陕西宜川)军事推官(推官为主官的僚属,掌勘问刑狱)。胡瑗这才离开了苏州郡学,但他在郡学任教积累的教学经验却融入他后来形成的"苏湖教法"之中。

庆历元年(1041),改任密州(今山东诸城)观察推官的胡瑗辞职奔父丧。次年胡瑗任保宁军节度推官(在今浙江金华)时,湖州知州滕宗谅奏请办学,次年获准,建立了湖州(今浙江湖州)州学。滕宗谅与范仲淹是同年进士,二人交情很深,了解到胡瑗有很高的办学水平,滕宗谅便聘胡瑗担任教授,时在庆历二年(1042)。

现存《湖州新建州学记》载州学当时的情况:"重门广殿,讲堂书阁皆相次,东西序分十八斋。入门而右为学官之署,入门而左有斋舍之馆,凡为屋百二十楹。延安定胡先生主学,四方之士,云集受业。"胡瑗在主持湖州州学时,对学校教育进行了一系列重大的改革和创新。《苏湖教学法》中著名的"分斋教学"便是此时在教学实践中形成的。湖州州学办学声名远播,"去来常数百人",学成之后,又以所学转相传授,影响社会风气,"行之数年,东南之士莫不以仁义礼乐为学"。

胡瑗在湖州州学任教授期间,皇帝曾召他为诸王公教授,他托病推辞不就。皇祐二年(1050),皇帝又召他入京授官,仍未行,直到皇祐四年(1052),60岁的胡瑗才奉诏,赴京师东京(今河南开封)任国子监直讲,离开湖州州学。他在湖州州学前后任职近十年。

在苏州郡学和湖州州学两所地方官学任教的近20年间,胡瑗对办学形式、教学内容和教学方法进行了全面的探索,取得了极大的成功,形成了一套全新的教法,这就是誉存千古的"苏湖教法"。

"苏湖教法"在胡瑗任国子监直讲之前,早已引起朝廷重视:先是庆历四年(1044),北宋开始了一次大规模的兴学运动,因原先招收七品以上官员子弟的中央官学国子监办学不佳,另设太学,招收八品以下官员和平民子弟入学。但太学建立后,"太学之法宽简",宋仁宗便派官员到苏湖两州考察胡瑗的"苏湖教法",并决定以此法为太学法。宋代国子监除招收生徒外,还是管理包括太学等官学的机构,胡瑗到国子监任职,既要"勾当国子监",也要"管勾太学"("勾当"和"管勾"均有管理之意),还要任课程主讲。

胡瑗在国子监和太学先后任教七年,主要讲授《五经正义》,他讲学时"音韵高朗,旨意明白",深受学生的欢迎和尊敬。当年胡瑗初到太学,有人并不信服,甚至"谤议蜂起",胡瑗"强立不倦",继续运用苏湖办学的成功经验,后来大见成效,很快得到学生们的信任和尊敬。求学者自远而至,以至学舍容纳不下,只好以附近官署充当。

嘉祐元年(1056),胡瑗升任太子中允,充天章阁侍讲。

欧阳修担心他离开太学,特向朝廷呈上《举留胡瑗管勾太学状》,言曰:"自瑗管勾太学以来,诸生服其德行,遵守规矩,日闻讲诵,进德修业。昨来国学、开封府并锁厅进士得解人中,三百余人是瑗所教……今瑗既升讲筵,遂去太学,窃恐生徒无依,渐以分散……若一旦分散,诚为可惜也。臣等欲望圣慈特令胡瑗同勾当国子监,或专管勾太学,所贵生徒不致分散。"欧阳修挽留的结果是"瑗仍居太学",从中可见胡瑗办学的成就,亦显示出他在太学中的重要地位。

后来,胡瑗积劳成疾,老病已不能上朝,皇帝数次派官员前去慰问,嘉祐四年(1059)正月,胡瑗以太常博士职位致仕(退休),致仕后赴长子胡志康任职的杭州养病,同年六月初六病故于杭州,终年六十有七(虚岁)。第二年他被葬于湖州。在故乡如皋,由三子胡志正立衣冠冢于其父胡讷墓之侧。

从皇祐四年(1052)到嘉祐四年(1059)的七年中,胡瑗任国子监直讲,"管勾太学"的教育实践又丰富了"苏湖教法"的内容,使之更趋完善。

"苏湖教法"的基本要点有以下五个方面:

一、实行分斋教学。胡瑗在湖州州学任教授时,始行分斋教学的制度。"分斋",即在学校内分设"经义""治

胡瑗像,位于先生故里如皋的胡安定墓园,1999年复建

事"两斋,经义选择"心性疏通,有器局,可任大事情者,使之讲明六经"(《宋元学案·安定学案》)。经义斋的学生要通晓儒家经典,有相当高的学术修养、道德修养,可成为高级文职的人才,为朝廷服务。治事斋又分为治民、讲武、堰水、历算等科,"一人各治一事,又兼摄一事,如治民以安其生,讲武以御其寇,堰水以利田,算历以明数是也"(《宋元学案·安定学案》)。治事斋培养的是各职能机构和部门的专业、技术或管理人才。

分斋教学制度是胡瑗"明体达用"教育宗旨的实际应用。"明体"者,是让学生懂得圣贤之道,以圣贤的道德伦常的要求来规范自己;"达用"者,是让学生养成以圣贤之道来立身处事的各种才能,即是"学以致用"的意思。分斋培养出来的学生,正符合"明体达用"的要求,既知圣贤之道,又分别掌握自己所学方面的专门才能,学成之后各有所长,成为报效国家和社会的德才兼备的人才。这有利于社会的发展和王朝统治的巩固。

治事斋把民、兵、农、算等实用学科正式纳入正规教学中,与经义斋处于同等的地位,一反汉唐直到宋初学校教育以传授儒经、传授诗赋为主要任务的教学现象,这在中国教育史上是一次重大的突破。同时,分斋教学和治事斋中设主、兼两科的制度是世界各国四百年后实行文、理分科和必修、选修科目制度的先声。

二、贯彻因材施教的原则。胡瑗的分斋教学和主、兼两科的教学制度中贯穿着一条最基本的教学原则,它就是因材施教。胡瑗让学生各就其个性、才能特长、兴趣爱好之所近分别入学,使之"以类群居,相与讲习"(《宋元学案·安定学案》),增长学识才干。清道光年间,陈沣(1810—1882)在《东塾读书》中认为:只有圣人之学能各方面都兼备,贤人只能取得性之所近的一方面学习,诸贤各习一方面,聚合起来便能抵得圣人了。由此可见因材施教的重要性了。陈沣又说，胡瑗"在太学，有好尚经术者，好谈兵战者，好文艺者，好节义者，使各以类群居讲习。沣谓此乃四科（指湖州州学治事斋所设治民、讲武、堰水、历算四科）之遗意。《学记》云：'教人不尽其材。'如胡安定之教，可谓尽其材者也"。后人评论指出，从湖州州学到太学，胡瑗自觉地执行着"因材施教"的教学原则。

因材施教让每个学生各尽其才，学有所得。欧阳修称赞胡瑗："吴兴先生富道德，诜诜子弟皆贤才。"这是因为欧阳修有切身的体会，自己的儿子欧阳发师事胡瑗，"得古乐钟律之说，不治科举文词"，成为精通古乐的学者。胡瑗的学生中不乏宋代有名的人物，有专于政事的范纯仁、钱公辅，范纯仁后官至宰相；有长于经义之学的孙觉、程颐、顾临、倪天隐、朱临等；有长于兵战，"累立战功"的苗授、卢秉等；有善文艺的钱藻、滕元发、王观等；有善治水的刘彝、王观等。史料记载，受业于胡瑗的学者和名人就有40多位。

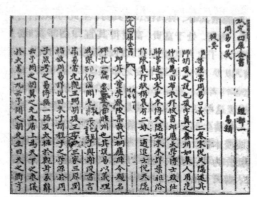

胡瑗著《周易口义》书影

三、文体助学。胡瑗对学生的学习有十分严格的要求，但课余却提倡和安排文娱体育活动，如习射、投壶、奏乐、歌诗等，以作为课业学习的辅助，或称"游戏教学"。清代丁宝书（1866—1936）所辑的《安定言行录》记载："胡先生瑗判国子监,其教育诸生有法。先生语诸生,食饱未可据案或久坐,皆于气血有伤,当习射、投壶、游息焉。"胡瑗在太学时,常在考试后,带领学生到肯善堂去奏乐歌诗,并亲自指挥演唱,有时直到深夜。学生课业间在斋舍内也经常歌诗奏乐,"琴瑟之声彻于外"。胡瑗通过开展文体活动,营造活跃的校园氛围,调节学生的生活,有张有弛,有利于学生的身心健康,提高了他们的学习效率。

四、游历求知。胡瑗认为:"学者只守一乡,则滞于一曲,则隘吝卑陋。必游四方,尽见人情物态,南北风俗,山川气象,以广其闻见,则为有益于学者矣。"他将组织学生游历考察四方风物、扩大视野纳入教程,作为学生求知的必要途径之一。他有时还亲率学生游历,在苏州郡学的时候,一次他带学生从苏州游关中,到了潼关,其路险峻狭隘,便舍车步行,登上关门四顾:黄河环抱雄关,弯曲而过,汹涌奔腾,太行、中条二山簇拥于前。他对同行的学生感慨地说:"到此可以说说山水是什么样了,你们学习的人难道可以不亲眼见一见吗?"胡瑗率学生游历,让学生直观四方风物,这和他在校内的直观教学是一致的。他在校讲授"三礼"时,有的器物早已失传,便自制相关器物的挂图供学生学习。有了实物供直观,学生得到的感受比文字和口头传授多一份形象化。

五、严立条规。《宋史·胡瑗传》载:"瑗教人有法,科条纤悉备具,以身先之。"这说的是胡瑗主管的学校定有严格的学规,对学生有严格的要求,更重要的是教师要以身作则,言传身教,身教重于言教。胡瑗在苏州郡学任教授之初,有的人因害怕他所立学规严格而不愿入学。他的学生徐积初见胡瑗时,态度不甚庄重,头部偏歪,胡瑗便厉声喝道:"头容直!"徐积猛然省悟,深感"不特头容直,心亦要直",自此不敢有邪心。而胡瑗自己"虽盛暑,必公服坐朝堂,严师弟子之礼"。言传身教让所立学规得到认真的执行。

安定先生墨迹（胡瑗第三十世裔孙翰宗藏）

　　胡瑗一生致力于教育事业，执教苏湖两学和国子监、太学30余年，学生有1 700余人，其中有一大批博古通今、明体达用的学者和实用人才。胡瑗生前受到人们的尊崇，退休东归杭州，离京时太学诸生与朝廷的士大夫们送至东门，行学生告别老师之礼；归途中，学生们为他饯行的帷帐竟然百里未绝。

　　除宋神宗所撰胡瑗画像赞、欧阳修为胡瑗所撰的《胡先生墓表》和蔡襄为胡瑗所撰的《太常博士致仕胡君墓志》都对胡瑗有极高的评价外，同时代和后世对胡瑗也是赞誉不绝，宋代有范仲淹、司马光、米芾、王安石、苏轼、范纯仁、程颐、朱熹等，元、明、清三代有文天祥、字术鲁翀、张羽、冒鸾、孟俊、颜元、张轼、全祖望、黄百家、李铭皖、李端棻、秦缓章等。其中王安石《寄赠胡先生（有序）》一诗很有代表性：

　　　　孔孟去世远矣，信其圣且贤者，质诸书焉耳。翼之先生与予并世，非若孔孟之远也。闻荐绅先生所称述，又详于书，不待见而后知其人也。叹慕之不足，故作是诗。

　　　　　　先生天下豪杰魁，胸臆广博天所开。
　　　　　　文章事业望孔孟，不复睥睨蔡与崔。
　　　　　　十年留滞东南州，饱足藜藿安蒿莱。
　　　　　　独鸣道德惊此民，民之闻者源源来。
　　　　　　高冠大带满门下，奋如百蛰乘春（云）雷。

恶人沮伏善者起，昔时跻跖今骞回。
先生不试乃能尔，诚令得志如何哉。
吾愿圣帝营太平，补葺廊庙枝倾颓。
披疏发矿广耳目，照彻山谷多遗材。
先收先生作梁柱，以次构架榱与榱。
群臣面向帝深拱，仰戴堂陛方崔嵬。

胡瑗身后数百年来教泽流长，万世流芳。早在南宋嘉定十一年（1218），宁宗追加胡瑗谥号为"文昭"，"文"和"昭"都是美谥，按"谥法"，"经纬天地""道德博厚""勤学好问"者谓之"文"，"昭德有劳""圣闻周达""容仪恭美"者谓之"昭"。谥号是对胡瑗的高度评价。嘉靖九年（1530），朝廷明令胡瑗从祀孔子庙，称"先儒胡子"，从曲阜孔庙到胡瑗故乡如皋的孔庙，以及全国的孔庙都供奉着他的牌位。

在胡瑗的故乡如皋曾有始建于宋崇宁元年（1102），又三次移建的胡安定先生祠，专祀胡瑗。如皋为纪念胡瑗，先有清代建立的书院，现存清末始建的小学，皆以安定为名；"文化大革命"后，被破坏了的胡瑗在如皋的衣冠冢已于1999年复建，并新建了"胡安定先生纪念馆"；在如皋，不仅有安定桥、安定巷，还将要建胡公亭、胡公苑……这一切无不凝聚着故里人们对胡瑗的爱戴和崇敬。胡瑗，是如皋的骄傲。

遗憾的是，胡瑗早年在故乡如皋受教的记载只有很少的文字，如，胡瑗七岁时就能写文章，十三岁时已读完《诗》《书》《易》《礼》《春秋》等儒家经典，并"以圣贤自期许"，乡里曾对其父褒奖道："此子乃伟器，非常儿也。"（《安定学案》）不过这寥寥的记载也透露出有关如皋宋初教育的一些信息：一、从胡瑗所学儒家经典来看，那时如皋从幼童开始便习儒学，可见如皋教育已形成尊孔崇儒的主流风气;二、如皋县学建于南唐保大十年(952),时处战乱年代,科举不兴,宋太平兴国年间(976—984)恢复"以科举罗天下士",离胡瑗出生时间不远,现未见胡瑗早年参加科举考试的记载,可见当时的科举制度尚待完善,对如皋士人还缺少吸引力,未能把他们完全揽入科举入仕的追求之中;三、胡瑗被乡里称为"非常儿",他七岁能写文章,十三岁读完儒家经典,无疑是天才,而天才能够得以发挥还得有一个适宜的环境。这环境就是当年如皋的教育不死板,不僵化,有一个让天才激发出潜力的空间。胡瑗以自学为主,超常规地获得成就。他早年在故乡如皋受教不多的记载,从侧面反映了宋初如皋的教育状况。

2005年4月,如皋市政府在市中心建成安定广场,面积达2万多平方米

附录

胡先生墓表

[宋]参知政事　欧阳修

先生讳瑗,字翼之,姓胡氏,其上世为陵州人,后为泰州如皋人。

先生为人师,言行而身化之,使诚明者达,昏愚者励,而顽傲者革。故其为法严而信,为道久而尊。师道废久矣,自明道、景祐以来，学者有师，惟先生暨泰山孙明复、石守道三人，而先生之徒最盛。其在湖州之学，弟子去来常数百人，各以其经转相传授。其教学之法最备，行之数年，东南之士莫不以仁义礼乐为学。

庆历四年（1044），天子开天章阁，与大臣讲天下事，始慨然诏州县皆立学。于是建太学于京师，而有司请下湖州，取先生之法以为太学法，至今为著令。

后十余年，先生始来居太学，学者自远而至，太学不能容，取旁官署以为学舍。礼部贡举，岁所得士，先生弟子十常居四五。其高第者，知名当时，或取甲科，居显仕。其余散在四方，随其人贤愚，皆循循雅饬，其言谈举止，遇之不问可知先生弟子。其学者相语称先生，不问可知为胡公也。

先生初以白衣见天子，论乐，拜秘书省校书郎，辟丹州军事推官，改密州观察推官，丁父忧，去职。服除，为保宁军节度推官，遂居湖学。召为诸王宫教授，以疾免。已而以太子中舍致仕，迁殿中丞于家。皇祐（1049—1054）中，驿召至京师，议乐，复以为大理评事兼太常寺主簿，又以疾辞。岁余，为光禄寺丞、国子监直讲，乃居太学。迁大理寺丞，赐绯衣银鱼。嘉祐元年（1056）迁太子中允，充天章阁侍讲，仍居太学。

已而病不能朝，天子数遣使者存问，又以太常博士致仕。东归之日，太学之诸生与朝廷贤士大夫送之东门，执弟子礼，路人嗟叹以为荣。

以四年（嘉祐四年，1059）六月六日，卒于杭州，享年六十有七。以明年十月五日，葬于乌程何山之原。其世次、官邑与其行事，莆阳蔡君谟具志于幽堂。

呜呼，先生之德在乎人，不待表而见于后世，然非此无以慰学者之思，乃揭于其墓之原。

（嘉祐）六年八月三日，庐陵欧阳修述

太常博士致仕胡君墓志

[宋] 端明殿学士　蔡襄

　　胡氏世居长安。询为唐兵部尚书。其孙韬因乱留蜀，为伪蜀陵州刺史。蜀平，归京师，终卫尉卿，于君为曾祖，生泰州司寇参军讳修已，卒葬海陵。司寇生宁海军节度推官讳讷，赠太子中允，博学善属文，吕文靖公夷简尝荐其书，备修国史。君其长子也，讳瑗，字翼之，少有气节，颇意经学。兼通律吕之法，力贫以抚兄弟之孤，爱义良厚。景祐中（朋为二年，1035），范文正公仲淹上言，君知古乐，召见论乐，拜试秘书省校书郎。康定初，元昊寇边，陕西帅以辟为丹州推官，后移密州观察推官。丁父忧，举其族之亡于远者九丧归葬。服除，迁保宁军节度推官。治湖州州学，又召教授诸王宫，病家，辞免，遂以太子中舍致仕。泛恩改殿中丞，驿召会秘阁议乐，除大理评事，兼太常主簿，寻复解罢。岁余，授光禄寺丞、国子监直讲，仍与议乐。乐成，改大理寺丞，赐绯鱼。嘉祐元年（1056）迁太子中允，充天章阁侍讲。既而疾不能朝，拜太常博士。还官政，从其子志康杭州节度推官，以就养，四年六月六日，终于杭州，享年六十有七。明年十月五日，葬于湖州乌程何山之原。

　　母随氏，赠京兆县太君。娶王氏，封长安县君。有子三人，志康进士及第，志宁、志正皆力学。长女婿大理寺丞滕希鲁，次进士王伯起，季女尚幼。孙守约。君孤进所立，不恤权贵，义以自信。

　　本朝承周用乐，其声高，不合中和，太祖皇帝尝诏下一律，而未遑制作，天子知乐，命李照等修之。君初得对崇政，廷辨照等所修乐非是，诏令改作。未几报罢。及会秘阁议，按《周礼》以正钟律，用上党黍列为九等，累其中者为尺，尺定而律成，验之比旧下一律，于是撤前乐而新之。天子临紫宸，钟磬在廷。天子曰："学者能通典故而不能知声工者，习其声之传而不知制器之理,斯难能也。"先是议镈钟当有大小,今与黄钟一之,非古制,乃用倍半之法作应钟,至是钟成,特小小者不堪备宫,县诸儒侍从无异议者。天子可之,用于郊庙,又令作《皇祐新乐图记》,布之天下,盖积二十年而后成,其间同议论皆贵官老儒,相抵止者岂一二哉。然居未始恤之也。

尤患隋唐已来仕进尚文词而遗经业,苟趋禄利。及为苏湖二州教授,严条约,以身先之,虽大暑,必公服终日以见诸生。设师弟子之礼,解经至有要义,恳恳为诸生言其所以治己而后治乎人者。学徒千数,日月括劘,为文章皆传经义,必以理胜信其师说,敦尚行实。后为大学,四方归之,庠舍不能容,旁拓步军居署以广之。五经异论,弟子记之,自为胡氏口义。侍迩英讲,不以讳忌为避。既疾,上数遣中贵人就问安否,盖亦有所待矣。比去京,诸生诣阙下乞留者累日,公卿祖送都门甚盛,莫不惜其行也。

君虽老于训导,在丹州实与帅府事。建议更陈法,治兵器,开废地为营田,募土人为兵,给钱使自市劲马,渐以代东兵之不任战者,虽军校蓍首、亭障厮役,以事见辄饮之酒,访彼边利害,以资帅府。府多武人,初谓君徒能知古书耳,既观君之所为不以异己,又翕然称之。君隽材而行笃,卒艰勤以殁。所著《资圣集》十五卷,藏于家。

嗟乎,士之有志于道,以身法世,莫不欲致之于用,推之于远。然才德之士多亦蹇轧难通,岂不有命乎?君不鄙小官,进不及用,功于诲人,其施博矣。晚乃得侍天子左右,若将有为,辄病以废,岂人事也哉。谨志。

《端明集》卷三十七

第二章 官学和私学中的学塾

我国古代设学塾，对七八岁至十五六岁的儿童实施蒙养教育。属官学的，南宋有小学，明清有社学；私学，自古有私塾。另清代设义学，义学有属官学的，也有属私学的，视实况而定。

宋代通州有官办的小学。始办时月失载，南宋嘉定中（约1215）任静海县尉的詹仁泽有《通州小学记》，称通州儒学训导卢端谊修学宫、棂星门，疏泮水的同时，在东偏故有小学基础上新建小学。卢端谊是南宋嘉定八年（1215）来通州任职的，于此推"故有小学"，即通州最早有文字记及的小学建于嘉定八年前。

据《通州小学记》所载，卢端谊所建的小学在学宫东，得前知州吴渊（另写为"困"）筹款钱三百万，建讲堂，前有清池，两翼有"简谅""谨信"两斋，堂后设直舍（当值办事之处），题名为"文会"，因兴建时用了州域南已圮文会亭的建材。文

开蒙读物《三字经》书影

会亭相传曾是北宋皇祐五年（1053）借读通州，后高中状元的郑獬的游憩处，"文会"之名含纪念、勉励双意。新建小学藏有书籍，生活用品完备，有负责教导和考核的教谕、主持学务的学长和司罚的集正。小学"春秋有考，月有书，旬有课，督其勤惰而进退之"。小学学舍于嘉定九年（1216）三月落成，其开学的第一天，通州知州蔡阐亲临会见师生，主祭圣贤，并讲授第一课，"是日也，童子趋隅，父兄济济在列，咸顿首谢"，盛况空前。

宋小学废后至明嘉靖中（约1543），通州同知舒缨又在其原址上创兴学舍。舒缨接受了其任南刑部主事时的同僚桂萼多次来信的建议，而有此兴学之举。（嘉靖帝是正德帝的从弟，他即位后要尊崇生父为"皇"，许多大臣表示反对。而桂萼却全力支持，深得皇帝的信任，由南刑部主事迅速升任到礼、吏两部尚书和太子少保兼武英殿大学士等职，在明史中是位很有影响的人物。）舒缨参照桂萼寄给他的《条规》建学舍，中有四堂，左右相向为塾，前后有门。学舍建成后，舒缨将《条规》刊于堂东壁之上。《条规》的主要内容是：一、舍中设教者二人坐左右舍管教。二、设习礼、句读、书算、听乐四堂。习礼、句读两堂均有相关的绘图若干，教者日讲一图，指示擘画，令其通晓，分别"习升降、拜揖、坐立之节"和"教之句读，令其粗熟"；

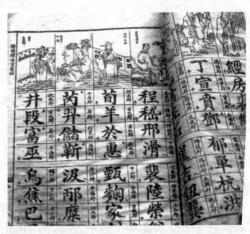

开蒙读物《百家姓》书影

书算堂张贴六书法（指事、象形、形声、会意、转注、假借六种汉字结构和造字法），每日只教一两字，还以名数授之；听乐堂则"置鼓鼙、笙磬、投壶、诗章、弓矢礼乐之器，或教以鼓节，或教以歌诗，或击鲁、薛鼓之半以习投壶，或击鲁、薛鼓之全以习射仪"。学生学遍四堂，已近傍晚。舒缨行《条规》之法一年颇有成效，后因费用不足而停办。

舒缨在宋小学原址上续办的学舍记载，最先见于清道光十年（1830）刻印的《崇川咫闻录》，其中转引了《五山小史》的记载。刻印于清光绪元年（1875）的《通州直隶州志》（下称《光绪志》）始称它为"文会学舍"。

南通境内建有社学史籍记载最早的是明代。这种学校起源于元代，元世祖至元二十三年（1286）颁立各路，劝农立社，规定"诸县所属村疃，五十家为一社，择年高晓农事者立为社长……每社立学校一，择通晓经书者为学师，农隙使子弟入学。如学文有成者，申复官司照验"（《新元史·食货志》），以学习《孝经》《论语》《孟子》等为内容。后，城镇亦有仿乡社办社学者。明代沿袭元制，太祖洪武八年（1375）下旨谕中书省道："昔成周之世，家有塾，党有庠，故民无不习于学，是以教化行而风俗美。今京师及郡县皆有学，而乡社之民未睹教化，宜令有司更置社学，延师儒以教民间子弟，庶可导民善俗也。"（《太祖实录·洪武八年正月》）自

学塾读物"四书""五经"

此各地纷纷设立社学。社学主要由各级地方官吏兴办，少数由民间设立。

明朝嘉靖至万历年间，通州有社学七所，"域之各方"。明代，通州各盐场办有社学，并有社田收入提供办学经费，计有：石港社学（位于石港场文正书院西，有社田44亩），金沙社学（位于金沙场，有社田30亩），西亭社学（位于西亭场，有社田32亩），余东社学两所（分别位于余东场大使署和西后街盐仓巷，社田各有60亩和28亩），余西社学（在余西场，有社田32亩），吕四社学（位于吕四场）。

明代海门县有社学两所，约建于嘉靖之前。一在县治南，一在县治东，署县事、州判官史立模嘉靖初建。

如皋县的社学比较多，洪武八年（1375）曾拟建社学84所。嘉靖三年（1524），知县梁乔升改建社学后，如皋县有15所，位于县治的有育秀、正蒙两所，位于马塘的名"小治"（有社田40亩），位于掘港的名"回澜"（有社田50亩），位于丰利的名"敦风"（有社田43亩），位于东陈的名"培芙"，位于丁堰的名"兴贤"，位于白蒲的名"新民"，位于八里庄的名"清源"，位于谢店的名"时雨"，位于西场的名"时雍"，位于立发的名"明善"，另一名"存性"，位置无考，或说位于李堡。万历十五年（1587），知县刘贞一改建社学七所，位于中禅寺、王公祠和如城西的各一所，丁堰和白蒲各一所，马塘和掘港各一所。万历四十五年（1617），守备赵千驷设掘港社学一所，邑人章纯仁改名为"清溪书屋"，定有12项条规，为立志、虚心、端品行、开眼界、务实学、去浮靡、毋剿袭、勿作辍、亲正人、惜寸阴、损嗜欲、求义理。

此外，今属如东的栟茶有社学一所，明嘉靖二十四年（1545）由栟茶场大使周矿于盐课司侧设五贤祠，有社田50亩。今属海安的角斜，有社学一所，明天启五年（1625），盐运分司徐光国依士民之请设置，在角斜场盐课司西。清乾隆五十四年（1789），场大使王宝阶将社学从今旧场乡移至今角斜乡。角斜社学有社田62亩，店房4间。

这种奉旨而设的官立社学从一开始就含有若干虚假的成分，有些官员并没有把办好社学当作自己的责任，仅为表面应付，城镇社学或许尚需挂一挂社学名牌，乡村里就仅有虚名而已，甚至有以办社学为名牟利敛财的。明中叶以后，社学逐渐废弛。清初顺治九年（1652），朝廷一度明令"每乡置社学一区，择其文义通晓，行谊谨厚者，补充社师，免其差徭，量给廪饩养赡"，但无实在落实。未久，社学渐为义学所取代。清代仅如皋县增社学一所于李堡，余未见社学增加的记载。

社学的教师由地方各级官府派来主持学务。社学的教学内容，除传统初等教育采用的《三字经》《百家姓》《千字文》之外，特别强调讲习冠婚丧葬之礼，使学童自幼懂仪礼制度。明代又把明太祖朱元璋所颁的《御制大诰》和朝廷制定的律令列入教学，进行法制教育，从小培养安分守己的"良善之民"。

为民间贫寒子弟设立的学塾是义学，义学又称"义塾"。义学一般免收学（课）费。早在宋代已有"义学"的名称，但限于教授本族子弟。清代，由于朝廷的提倡，义学开始广为设置。南通所属有关义学记载从清代开始。

刻印于清乾隆十九年（1754）的《直隶通州志》（下称《乾隆志》）载"通州义学：一在东厢吊桥，一在西厢吊桥"。一百多年后的《光绪志》记载通州义学："义学，在州治南玉带桥者废，在东南西钓（吊）桥各一，石港二。"另有记载，金沙场大使王馨将社学改建为义学，西亭用盐场使废署改建为义学，余东也有义学一所。

如皋县见于记载的有位于安定书院隔垣的养正学舍，乾隆十二年（1747）郑见龙建，三十二年（1767）知县程正音、四十一年（1776）知县宋学灏相继修，嘉庆十年（1805）权知县姚凤楷重建。另一所在掘港，乾隆十二年（1747）徽商程公能、吴振公建，吴廷璧修。

郑见龙为养正学舍写记，保留了一些有关义学的信息，其《记》道："古者七岁入小学，十五入大学，义学之制即小学也。萃处童子于其中，授之句读，教之洒扫、应对、进退。其理不必精，其事不必大，其功不必烦。由末至本，于以育德。《易》曰：蒙以养正，圣功也。成人有德，岂不小子有造哉？……"同治年间，还建有义蒙、正蒙、正始、怀少、引蒙、悦来、成童等义学。

海门厅的义学（塾）在厅治文昌宫，另六所分别在坝头镇、麒麟镇、悦来镇、三阳镇、池棚镇、通州川港镇，皆道光二十四年（1844）同知周维新捐置，七塾每塾岁支四十八千，还在八匡镇有一所，咸丰九年（1859）职贡生郁子侃、崇明生员黄兰芬捐置。

海安镇有义学两所，其一设于司署东巷内，光绪二年（1876）立案。

义学的办学经费来源有两种，一种为官府创办，并选派教师，教师的俸银由官府开支。同治年间（约1867），江苏巡抚丁日昌发文规定：一位教师必须教授10名学生，每月酌给束脩膳金五千文，月费一千文，按月支领。这种义学是官学性质。另一种依靠民间捐资、捐田、捐屋，靠义田、义庄来维持，这种义学属私学性质。如皋县的养正学舍是前者，而另一所在掘港的义学是后者。

义学教学和社学有相似的地方，如教材也是《三字经》《百家姓》《千字文》之类的开蒙读本，以识字、习字为始，重背诵熟记，不重理解，不重兴趣。就是这样的学校却担负着进行蒙养教育的部分任务。

纵观官办的小学、学舍、社学，都是兴起之时，颇见规模,亦有成果,但不能持之以恒,最后渐至衰败。义学亦复如此,南通著名的建筑师孙支夏有一篇文章刊载在南通市政协编的《南通掌故》一书中,题为《义学》。孙支夏生于光绪八年(1882),距离其家百余米有一所义学,按常规八岁开蒙,很可能便是进的这所义学,所记当是亲身的经历,给后人留下义学最后时月的实录。《义学》记道:"西吊桥沿河北首,在清朝末年曾设有义学一所,由领贡孙文虎和姚云卿为训导。这两个人借了义学名义,包揽诉讼,敲诈取财。平时并无儿童上学,如州署派员查学,则临时用钱招来贫苦儿童坐满桌位,或借临近私塾蒙童顶替,查过以后便一哄而散。不久取消义学,房屋由官产局卖与王翰宵,今为炭行。"按孙支夏所述,义学设训导,最后学舍房屋由官府卖出,这应当是一所官办的义学,由此类推,通州城东、南吊桥的儿所亦是官学。文中提到义学由训导掌管是不正确的,"训导"是儒学有品级的教官,义学不可能设置,只是社会上把"训导"当作老师的一般称呼而已。

蒙养教育中常见的私塾历史悠久,南通境内何时设私塾已难考实。明清以来南通的私塾大致有"家塾"(或称"教馆")、"族塾"(或称"村塾")和"散馆"(或习称"私

通城冯旗杆巷"武陵堂"顾宅,有盛名的顾姓族学设于此

塾"者)。"家塾"是独自一家聘请塾师在家设馆,专门教授自家及亲友子弟,如后来中了状元的张謇,他在《自订年谱》中载:同治三年甲子(1864,十一岁),"延西亭宋蓬山先生(效祁)授叔兄、五弟与謇三人读",张謇家设了家塾,宋蓬山不仅在张家教书,而且"余兄弟故与同寝室,床相接",入睡前也讨论日间所读的书义。"族塾"是由一族、一村延师择址建馆,教授本族或本村的子弟。通州城内武陵堂顾氏的族学远近有名,自道光朝(1821—1850)以来仅顾鸿一支便从族学走出了进士四人,举人七人,贡生四人,还盛传进了顾氏族学的至少也是个秀才。顾氏族学的塾师由本族的人员来出任,"以文字教授乡里子弟",所谓"业儒""舌耕"是也,"著籍者多数十百人"。"散馆"是塾师在自己家里,或借祠堂、庙宇,或借他人房屋设馆,招收附近学童就读。乾隆年间(约1780),状元胡长龄幼时就曾在优贡孙奎的家里启蒙,而后大魁天下。这类私塾数量最多,分布最广。清末,今属如东县的栟茶就有私塾一百多所,掘港市内就有二十七家,通州二甲镇有私塾五家。私塾在明清一直是城乡儿童接受蒙养教育的主要场所。

南通的私塾习惯在农历二月初二开课,相传二月二"龙抬头",既取一个好吉兆,也正好是新年刚过,一年开头。私塾一般以一年为一学期,每年教学10个月左右,学习年限不固定。私塾的老师称"塾师",由资深的童生和秀才充当的为多数,少数也有贡生、举人来当塾师的。私塾的学费名"束脩",每年三四千文不等。学童初次进塾要行启蒙之礼,先拜孔子牌位,后拜老师、师母,排座位,有的还要学童自带桌凳。

每所私塾一般收学童十余人,多的有数十人,其文化程度不等:有以识字、诵读、写字为主的,年龄六岁至九岁;有以学习儒家经典、八股文作法为主的,年龄约在十岁以上。学童要择所教适合自己程度的私塾入学。

学童入塾开蒙首需识字，初以纸裁成方块，塾师写字其上而教之，约日积四字，至三四千字而止；还要习字，初由塾师把笔描红——在印好红字的"蒙（猫）儿纸"上填黑，次写影本——

"文房四宝"笔、墨、纸、砚

学童将薄纸加于范本之上，影而写之，谓之"写仿纸"，再一步便是临帖了，取唐宋名家之书法帖，仿而写之。塾师教学童读书，先读《三字经》《百家姓》《龙文鞭影》《幼学琼林》《千家诗》《鉴略》等书；然后读《大学》《中庸》《论语》《孟子》，其教学程度已达中等要求了；学童最后还要读《诗经》《尚书》《易经》《礼记》《左传》《孝经》等。塾师教授读书之法，不求学童能理解，而责其死读死记，只是备他日应科举试入学之用，试题出自这些儒家经典中，应试时不能带书入场，非烂熟无能知晓。高等程度的学习，一要写八股文，二要学试帖诗，这两项是从以童子试为起点的各级科举考试的必考项目。八股文，又叫"时文"，是明清科举考试所采用的一种专门文体，从儒家经典中出题，作文代"圣人"诠释其含意，文分破题、承题、起讲、入手、起股、中股、后股、束股八部分，每股在全文起、承、转、合各有固定的承担，在固定的格式里，句子、声调、字数都有一定的限制，后四部分都有两股相互排比的文，八股文之名由此而来。八股文形式死板，束缚了人们的自由发挥，常被恶评，但它在科举考试中不可缺失，私塾中学童虽厌学却也不能不学。塾师将八股文的八个部分一一教学生写作，最后使其学会全篇成文。试帖诗是科举考试时的五言律诗，清乾隆时限定八句，要合八股文的八部分,讲究对仗、用韵。私塾未学作诗之前要先学作对,始作两三字对,如青山对白水,以后字数逐渐增加至句之对。张謇晚年在《自订年谱》中回忆十一岁时:"一日,先君在塾,有武弁骑而过门外者,先生举'人骑白马门前去'命对,应曰'我踏金鳌海上来',先生大喜……"是联对仗工整,且有远博的抱负,确是佳对,反映了张謇在塾中已学有所成。学会对课之后便开始练习写诗。学会八股文和试帖诗之时,在私塾学习也就进入结束阶段了。

为使学生达到塾师提出的要求,私塾有着严厉的惩戒手段,塾师常常责令学生面壁、下跪、打戒尺。

比起社学、义学来,私塾的教学效果要好得多,塾师要对自己主教的学塾负责,学塾办得好坏直接影响到自己的声誉,得到好评的学塾,生源才有保证,才有经济收入。因为私塾塾师一般能尽职,所以私塾颇具生命力,当清末新型小学兴起以后,私塾还继续存在:一方面是新型小学还未能普及,特别是在广大乡村;另一方面,受新教育的影响,有的私塾顺应历史潮流而动,教学管理、教学内容和教学方法进行了一些改良,于是清朝末年到民国建立之后出现了一批改良私塾。光绪二十一年(1895)创设于通州川港镇的白华中西书塾便是其中的一所,书塾定于每年农历正月二十开馆,清明、端午、中秋、冬至及万寿节(庆祝皇帝生日)、孔子生卒纪念日都放假一天,年假一个月,平日每月逢五休息半天,逢十休息一天。开办之初招收学生30名,按水平分为三个班。课程既有儒家经典和"小学",又有伦理、算数、舆地、图绘、体操等私塾原没有的课程,还开设了英语课,上课有课时表。光绪三十年(1904)春,张謇在家乡海门厅常乐镇设扶海垞家塾,新设修身、算术、乐歌、体操等课程,并延请日本籍教师来任教,他亲拟的《扶海垞家塾章程》,可以视为是改良私塾的教学大纲。

民国期间,私塾和改良私塾并存于南通,1949年,中华人民共和国成立之后也未绝迹。据不完全统计,南通市区(不包含所属的海安、如皋、如东、通州、海门、启东六县)1954年还有29所,在塾学生1 204名,1958年后才完全为小学所取代。

附录

通州小学记
[宋]静海县尉　詹仁泽

　　通州滨海,其地广斥,有鱼盐之利。俗近古,不汲汲于仕进,应举之士虽少,前后登科甲跻橐从,为美官者不乏。盖狼山隆崇犖崒,实钟其秀。若乃儒冠未成,好事者往往归诸贡额之优,谓前辈幸,后生之自弃,有以致然。嘻,奚至是也,岂童稚教缺养之无素耶。同里卢君端谊分教,大葺学宫,拓棂星门,疏泮水,创版筑,括隐租,丰饩廪,增弟子员,士为兴起,弦诵之声不绝。东偏故有小学基,请于前守仓使吴公囷,得公钱三百万,营土田间架之赢,剪荆立屋,前仰清池,翼堂为二,斋左曰简谅,右曰谨信,后敞直舍,榜曰文会。书籍床几、庖湢器物具备。乃立教谕、学长、集正,春秋有考,月有书,旬有课,督其勤惰而进退之。文会者,翰林侍读郑公獬亭名也,初公未第时来自安六,习举子业于县东志道院,暇日游息于斯亭。亭在城南文殊院,岁久圮坏,僧忠师者复作之,公易名与亭语在通州志。绍熙间郡守又尝重建,居无何,有撤而广推酤之宇者。至是摧于风雨,君得其材助新学馆,怀其人,因其名。一废一兴,人之襟度如此哉。嘉定八年九月始作,明年三月成,邦侯蒲田蔡公阄会职事,诸生献酬,讲论于其中,侯雅重学校,相其役者不一而足。是日也,童子趋隅,父兄济济在列,咸顿首谢,属记于仁泽。敢问父兄之所期,童子之所习,今将奚先为,词章从事,场屋固所未免,苟志于道,是焉能害之哉。诗曰,天生烝民,有物有则,民之秉彝,好是懿德,使俱不失其本心,则为圣哲,为贤人君子,直由是而充之耳。故曰,孩提之童无不知爱其亲及其长也,无不知敬其兄,尧舜之道孝弟而已。先王之时,庠序之设,申斯义以致其知,况自子之能言能食,而教已行焉。譬诸乔木,培养于萌蘖之物,上拂云霄,自有来矣。后世郡国皆置学宫,其所以教者,既与古殊,小学尤视为不切,大抵诱之以利禄,甫读书识字,志在于要人爵,贼夫人之子也,甚矣。今侯与广文所望于父兄子弟者,异于是。入德之序当使安于洒扫应对,近世所耻,圣门所急也。夫血气盛则义理微,骄傲长则爱敬衰,行己徇私意,处家多悖德,居上位不能下,贤弗养于蒙,迷厥本心,畴保其往,敬诵所闻,或有裨于万一。

小学规条
[明]礼·吏尚书　桂萼

舍中延笃实长者二人,平旦坐左右塾,序行道出入。每食时至日夕亦如之。次为习礼堂,中绘陈祥道、杨复礼图,曰接子礼,曰童子礼,曰士相见礼,曰婚礼,曰子事父母礼,曰妇事舅姑礼,曰祀先礼,曰射礼,立一师掌之。诸童子进学,即率见先生,习升降、拜揖、坐立之节,随授一图,指示擘画,令其通晓。间令展习,以辨杂服。又次为句读堂,内榜管事弟子职,亦列数图示之,日讲一图。次以孝经、小学,教之句读,令其粗熟,仍为讲说文义,约之人身。又次为书算堂,榜六书法,每日止教一两字,即以四方上下,自一至十,若干支等名数授之。又次为听乐堂,内置鼓鼙、笙磬、投壶、诗章、弓矢、礼乐之器,或教以鼓节,或教以歌诗,或击鲁、薛鼓之半以习投壶,或击鲁、薛鼓之全以习射仪。四堂遍而日亦将晡矣。自听乐堂复之书算,以次至句读,至习礼,皆略复旧业。复于门左右塾,以次序出。

第三章 地方官学和学官

中国古代由官府举办、管辖的学校称"官学"，不同行政区划的官府在当地设置的学校为地方官学。南通所属的地方官学，前在第二章中已记述了小学、社学和部分义学。各地各朝地方志的《学校志》在记载当地的地方官学时都用大篇幅的文字记述规模宏大、社会影响深远、历时最久的儒学。其他地方官学的有关记述却不见于地方志的《学校志》中。在地方志的《建置志》和《秩官志》中仅有简略的记述证实这些地方官学的存在，如阴阳学、医学、蒙古字学。

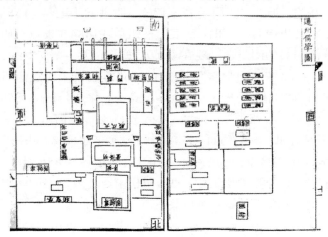

明通州儒学图（载明万历《通州志》）

南通境内古代的地方官学和所设学官,其相关情况如下。

各地设立阴阳学的时间始于元至元二十八年(1291),朝廷颁令诸路设置,通州于至元十五年(1278)曾升为路。元延祐初年(约1316),朝廷又下令诸路、府、州均设阴阳学教授,统属太史院管辖,培养有关天文星象、占卜、历算、地理等的专门人材,称其为"阴阳生",主要教材有《周易》《口算》《三命》《数学》《茔元总论》《八宅通真论》《五星》《地理新书》《六壬》《占才大义》等。阴阳生考试优异者可供职于司天台,但其所业被认为不洁,明令不得进入诸王、驸马之门。阴阳学学官教授也都不予入流(即不授以品级)。南通旧方志未见元代境内设阴阳学的记载,但《光绪志·秩官志》中载,元代通州先路后州都设阴阳学学官,静海、海门、如皋各设阴阳学学官。由此可见,元代南通境内设有通州和静海等三县的阴阳学四所。

刻印于明嘉靖九年(1530)的《通州志》(下称《嘉靖志》),在《卷二·杂署》中始有通州"阴阳学在州治北"的简单记述。后出近50年的明万历《通州志》(下称《万历志》)才对通州和海门县的阴阳学有较多的介绍,在《卷三·公署》中载:通州"阴阳学在察院东,明洪武十七年(1384)建,旧在州治北"。"旧"字表明通州早在1384年前已有阴阳学。海门县的阴阳学出现在《万历志·海门县县署》中:县署"大门外,东为阴阳学"。以后的通州方志俱未对这两所阴阳学增加记述。乾隆《直隶通州志》(下称《乾隆志》)和光绪《通州直隶州志》(下称《光绪志》)刻印的时候,如皋县已划属通州,于是在这两部《志》中增加了如皋县"阴阳学、医学并在县治东,明洪武十七年建"的记述。明初,静海县遭省裁,县阴阳学也随之省去。明代南通境内设立的阴阳学只有通州和海门、如皋两县共三所。

通州初设阴阳学未久,学校即不景气,《万历志·官制》

载:"(阴阳生)今多以市儿充,不闲本业。"海门、如皋两县的阴阳学也不会胜过通州。

通州阴阳学的位置,原在"州治北",现存谯楼是通州州治的南门,其"北"应在今中学堂街附近。后移"察院东",察院是州治的隔墙东邻,往东原有一条小巷,名为"阴阳巷",位于通州儒学、文庙之西北,后改雅名,谐音为"鹰扬巷",保存至20世纪末。洪武十七年(1384)后建的阴阳学便在那里。

叨以后,南通境内的阴阳学逐渐徒有虚设,直至最后悄无声息地消失,连它停办的时间也失考了。

南通境内阴阳学的学官,《光绪志·秩官》载:元初,通州路设阴阳教授,未久,复为州,阴阳学学官设教谕一人,明代设典术一人,清代续设典术一人。《万历志》载:典术"掌凡昼夜刻漏之事,境有灾祥,则以申于州而递呈之,典术选诸阴阳生之良以达于吏部而注授,有秩无俸……"。静海、海门、如皋三县,元代设阴阳学教授一人。明代海门、如皋两县(静海县已废)阴阳学设训术一人,清代继设训术一人。

古代的医学是指专修医学的学校,始设于南朝宋元嘉二十年(443),以后各代自中央至各地沿置医学。元中统二年(1261)朝廷令设置诸路医学。南通所属应也有医学,但明代之前未见相关的文字记载。《万历志》载:通州医学建于明洪武三年(1270)。刻印于清康熙十三年(1674)的《通州志》(下称《康熙志》)称,通州医学"今废"。嘉靖二十五年(1556),知州喻南岳重建。通州医学的位置有载"州治西"的,或载"州治前惠民药局内",《光绪志》则载"医学在谯楼东"。所载医学之所在,文字不一,但总离不开州治附近。海门县医学始建和废置的时间未见记载,大约存于明初至清初之间,位于县署大门西。如皋县医学设在县治东,建于明洪武十七年(1384)。

关于医学的学官，《光绪志·秩官》载：元初通州升路，设医学教授，后通州设医学教授一人，明清两朝俱设典科一人，俱未入流，典科"掌凡方药诊疗之事，狱囚病，则察其轻重，白其真伪，其授选与弊视诸阴阳学焉"。静海、海门、如皋三县的医学元各设教谕一人，海门、如皋两县明清各设典科一人，俱未入流。

蒙古族入主中原，元朝廷为倡导百姓学蒙文而开设了地方官学——蒙古字学。元至元六年（1269）始设于各路、府、州。同年新制的蒙古字颁行，成为蒙古字学教授的重要内容，十二月制定学制，并以蒙汉合璧的《通鉴节要》颁行各校。南通所属各地未见有设立蒙古字学的记载，但《光绪志·秩官》载：元初通州为路时，设蒙古字学教授，不久路恢复为州，有"蒙古字学教授一人，月俸钞一锭"的记载，另载静海、海门、如皋三县俱设蒙古字学学官、教谕各一人。既有路、州、县三级蒙古字学学官的编制，就应有设立的学校，何况这是朝廷下令开设的，地方必当奉命而行。元代南通境内，通州有前为路学、后为州学的蒙古字学，静海、海门、如皋三县有县学的蒙古字学，共四所。

元至元六年（1269）颁发了蒙古字学的《学制》，招收的学员有官员子弟与民间子弟两类：官员子弟路学收二人，州学收一人；民间子弟路学分上下路，分别收25人和30人。元太德五年（1301），蒙古字学在学生员数有所调整，州学为10人至15人。就读的平民子弟，免杂役，各级地方官要割出土地来供生员的伙食费用。生员毕业后，经翰林院考试，可任学官和译史等职。蒙古字学生员享受的待遇远比同级阴阳学、医学生员要高得多。元代蒙古族的政权亟须懂得蒙古文的人才，沟通蒙汉之间的交流，以巩固本民族的统治。

自古设儒学的是供学习儒家经典，承担传承儒家文化、施行礼乐教化职能的地方官学。由于历朝将尊儒崇儒作为治国的根本要策之一,儒学逐渐被人们认为是唯一的地方官学,称"学校"者便说的是儒学。按不同的行政级别,南通境内曾有的通州(含直隶州)州学(宋通州升郡,有郡学;元通州升路,有路学),静海、海门和如皋三所县学,海门厅厅学,它们都是儒学。

通州州学始建于宋太平兴国五年(980),知州曾环在州城外东一里处建校。真宗乾兴元年(1022),知州王随迁州儒学于州治东,以后虽数度毁于兵火,但又三次重建。

直到清光绪二十七年(1901)以后朝廷渐以新学代替儒学为止,通州儒学所在地都未变,其建筑物至20世纪60年代还有部分保留。

静海县的儒学随县而设,始于宋初建县后不久,终于明初被裁撤之时,但通州方志中未有静海县兴建儒学学校的记载,除了存有各朝静海县儒学学官的设置的记载外,仅存元代静海县儒学教官教谕一人、训导二人的姓名。静海县是通州的首县,通州州治设于静海县内,州、县地域的部分重合导致静海县儒学可能与州学合设。

宋代海门县儒

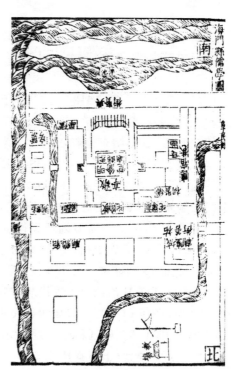

元代海门县儒学图

如皋学宫图

学未留下记载。元至正十二年（1352），县学教谕刘璿在县治新迁礼安后建儒学。至正二十三年（1363），知县季世衡又重建因"兵废"的儒学，后元末毁于兵，明初重修。县治迁余中场，正德十三年（1518），知州蒋孔旸、知县裴绍宗在新县治重建学宫，恢复儒学。嘉靖二十五年（1546），又随县治迁往金沙场，在县治东南新设儒学。清康熙十一年（1672），朝廷废海门县，改设海门乡，县学也随之废裁，其学额、经费等附于通州州学。后来，海门乡改名静海乡，静海乡延续原海门县儒学的学额、经费等项，仍附于通州州学。

如皋县儒学是南通境内最早设立的儒学。南唐保大十年（952），朝廷开进士科，令辖地设立儒学，是年如皋县便设立了县儒学，其址位于县治东北（清代中禅寺处），南宋初（约1150）迁于县治西南（清代胡定安祠址），元末毁于战火。明洪武四年（1371），知县谢得民重建儒学。嘉靖十九年（1540），知县黎尧勋迁儒学于原址东半里处。

海门厅儒学设于清嘉庆十七年（1812）。这之前，乾隆四十一年（1776），同知徐文灿建厅学宫，其中有儒学建筑明伦堂三间。

南通境内儒学学宫的格局和施教功能,见本书第六章。

《光绪志·秩官》载:宋代通州建儒学便设学官,有从九品的教授一人。元朝初年,通州升路时,儒学设教授、学正、学录等学官,恢复为州后,设"儒学教授一人,月米五石,俸钞二十五贯","大学训导一人,月俸二石五斗;小学训导一人,月俸二石"。明代通州设儒学学正一人,为正九品,"未入流,月俸二石五斗,掌教化诵肄之事",另设训导二人,"未入流,月俸米二石,洪武二年定学官位,杂职上"。清续设"儒学学正一人,正八品,俸银四十两,掌学校生徒训迪之事","复设训导一人,从八品,俸同学正"。静海、海门、如皋的县学,元代设"教谕各一人"。明代海门、如皋二县设"儒学教谕各一人,未入流,月俸米二石",海门县设训导一人,如皋县设训导二人,县学训导品、俸同县教谕。海门厅厅学后建,设教谕一人,从八品。明清时,州、县皆设训导一职以协助学正、教谕等正学官施教。学正和教谕掌管文庙祭祀和教育州、县儒学所属生员之事。众学官都有兼作理事和住家的署,都设于州、县学宫之侧。《光绪志·廨署》载,通州学正署"在学宫明伦堂西,大堂三楹,门舍一,大门一楹,堂西书屋四楹,小舍一,堂后寝室六楹,从舍二,庖舍二"。乾隆七年(1742),学正高玉驹等先后修。通州训导署,其址"在明伦堂西,大堂三楹,门舍一,大门一楹,堂西书室二楹,小舍一,堂东书室一,堂后寝室六楹,厢房一,庖舍一。旧有宅三,今废其二"。乾隆十二年(1747),训导陆宗等先后修。海门县设教谕署和训导署,均在学宫启圣祠西。如皋县"教谕署在学宫西,大堂三楹,大门三楹,寝室三楹,书室三,庖舍三。乾隆十五年(1750),教谕汪之镛修"。"训导署在教谕署北,大堂三楹,大门三楹,寝室三楹,书室三,庖舍二。乾隆十五年(1750),训导周旋修。"

赵彭渊像　　　　张謇为赵彭渊题像赞

附　儒学的吏役

学书是儒学教官的书办，负责办理考生参考的诸多事项。

门斗，因昔时司门者称"门子"，儒学里负责廪生每月领饩米掌斗的称"斗子"，以门子兼斗子之职看，故为"门斗"。门斗还负责考试时报名、收卷等杂务。考试发榜带领报子至录取者家属、亲戚、业师处贺喜，抑或在放榜前透露有关考试的消息，门斗都能收到酬金。据说，清代门斗可世袭，亦可买卖。

附录

通州重修学记

[宋]淮南制司参议　王应凤

通之有学。志不载所始。考文惠王公之记，自太平兴国中肇建先圣庙于城西南，乾兴初徙而东之，前斋庐而后讲舍，其即庙为学欤。大观四年，朱侯彦又植庠门，建射亭，学子便之，由是擢名第者视他郡最盛。绍兴初，草创于州治之西，其后即旧址更建，至淳祐壬寅毁于兵。粤壬子秋，今太傅平章贾公董师于淮徼，授方略而沟封之，通民怙冒威德，以有宁宇，寖寖如承平。惟时学宫未复其旧，仅有礼殿、伦堂，而生徒肄业无所，供养亦废。官授于斯者，宁不知倚席不讲为可愧哉，盖力弗既而将有待也。咸淳之元，兵部尚书汉东李公制阃六年矣，樽俎舒暇，左诗右书，淮海澄清，累化禔福。是岁春，会稽黄君焱将往教于通，公语之曰："古者闾巷党述周曰寡约，必立之师，世之夸毗者，待人狭而自待亦凉，世罔攸劝。凡学，官共事，士先志，课试外，教养当并行，子其勉之。"黄君奉命惟谨，于是序列八斋，日行二膳，昔所缺者今乃有之。又以张、陈、任三贤旧有祠，旷而不举者有年矣，乃植久仆之碑，绘像于堂，瞻仪者肃如也。列戟有严，两庑孔修，墙觇外周庖廪毕具。鸠偋于丙寅夏，越明年夏而就绪。适郡守冯侯弼至，颇佐其涂塈之费。既而邦人来观，或叹或愕，谓是举也，不役一兵，不烦众力，惟黄君率诸生之长，协比经始。又以其余力具祭器，且募监书而庋藏之，其于学者信有劳矣。孰知所以有成者，乃尚书公之教泽也。前通之李万程、李勉之、郎君玉等以书来请议其事，凤以《春秋》不书修泮宫之义辞，乃又请曰："夫子于《春秋》虽有所不书，然子产不毁乡校，则亟称之。夫事难成而易圮，愿求一言以诏来者。"应凤不敢固辞，而窃有感焉。郡有校官，自汉江都相发之，施及建武之兴，如任延、伏恭，遂左并边，皆能以学为先务，流风余化，隐然有厌难销萌之功。先儒谓执干戈者听于明理义者，而后大业定，信哉斯言也。学莫先义利之辨，居官者不辨乎此，则事非其事，为士者不辨乎此，则志非其志。义者心之所同，然庠序之教，因而申饬之耳。惟通密迩帝畿，名卿辈出，文物盖彬彬矣。视友邦厥邻，则安定体用之学可师，若时先达忠直如吴，友顺如姚，皆循乎天理之正。俞之异科，崔之联第，亦素履而往修天爵，而人爵从之，岂以利禄先入其心哉。游于乡校而拜三贤之祠，景高晞骥，其必有所发矣。夫张公当新法严急之秋，而遵礼邵、程，不阿世好，忠肃、忠敏二公言人之所不敢，居人之所不堪，非有为而为之，惟得乎义理之安而已。义理之心人皆有之，尚何成败之足虑乎？子产远矣，有贤太守犹可以为任延、伏恭也。

海门县迁文庙记
[元]崇明州尹　程世昌

淮之东州，邑濒海者凡二，邑曰海门居其北，州曰崇明居其南。扁舟往来不假信宿，不有江堑近若邻里，然洪潮骇浪日久冲啮，故每岁必筑堤以预防之。余守崇明六稔矣，往岁公过海门，顾瞻新治完美，而文庙未称，私窃自叹夫子之灵遽至是耶，然岂无其人，必有所待焉。至正十五年，通州判官窦君枝芳奉省檄来临是州，语予曰，海门吾治下邑，邑学废坠非有司之首务也，前教谕刘璿惧殿宇之沦没，志谋新而力不支，首白邑长，劝藉儒生，俾协力而分任焉。于是十二年，明伦堂先成，侨祀先圣。自春徂冬，工未克集，时桂荣（即窦枝芳——录者注）因公奠谒于学，闵然兴怀，乃输己俸以倡，俾邑官学师严督诸儒亟图之。今教谕钱允敏于从命多士亦各协力以助，鸠工度材，首崇殿宇，趋事之勤，隆寒不辍。越明年春，神门洎东西庑斋迨底于成，圣贤像设绘塑如新。卜是年闰五月四日祗奉入殿。以棂星门未立也，遂劝邑长也失不花，令尹张士良捐俸以成之。今年春，吾州商务提领李裕来摄是邑，复捐金，率诸从事甓甃丹垩以毕功焉。若泮水桥地灵祠咸次第就绪。顾经始之不易，念传守之无穷，愿公一言以告今垂后，余曰："贤哉，窦君之用心也有二难焉，职非所专而为之，难也。施之于政知所先务之尤难也。"故一言而群情翕然从之。虽然学校之设，岂徒夸己名而美外观哉。今堂宇新，士习盍与之俱新，读书穷理，必思圣人所谓教者何事，所谓学者何学，而仁义理智之性尽，而君臣父子兄弟夫妇朋友之职求无愧于为人。由一邑之善士而为一国之善士，庶几庠序不徒设，上副明时崇儒重学之意,而亦窦君之所望于斯邑之地。窦君曰,公之言,我之心也,请以为记。是年癸巳八月吉日也。

徙皋庙学记
[明]祭酒　邹守益

皋学旧在西南隅,地当下流,泮池莽如湖荡,涝则灌于学宫,宫日圮,诸师生跪跪。然欲徙而费巨工繁,莫或任之。嘉靖己亥秋,侍御疏山吴公悌慨任其责,发两淮运司罚金九百余两,以属于黎尹尧勋,曰,予倡之,子其和之。或议塞泮池之半,迁庙而前之,诸师生瞿瞿然不安也。曰,址弗坚,其何以永。县东南隅岳庙旧址介乡贤、名宦祠间,形势爽垲,风气完固,贸旧学以佐新费,可以不扰而济。复请于侍御范溪焦公琏,公曰:因旧弗坚,孰与创新可久,仍移预备仓以拓其址。于是黎侯遴能以鸠役,佣力以纾工,稽程以祛蠧,殿庑堂斋门寝祠亭及师生廨号咸次第如制式,丽以巩。始于嘉靖庚子三月,成于十一月。朔合师生而落之南雝东郭,子守益曰,二三子之新其学也,其视诸学官乎居下流以受涝,则众跪跪矣;填淤浑以建役,则众瞿瞿矣;徙高就刚式丽以巩,则众䜣䜣矣。若移,是以切磋慎独之学,报倡以和慎,终以始,奚患其蔑济乎。世之猎经史组词华以媒时好,决短垣而溃之,将非居下流以受圮乎。矜事为急功烈内蕴诈力,而外覆以仁义,将非填淤浑以建庙庭乎。二三子其毋自安焉,戒慎恐惧,须臾不离,力振旧俗而新之,则蕴为天德,发为王道,可以参两间而覆帱百世,岂惟二三子无恶于志,其于圣代敷教之休,良师作人之绩,庶曰,永有赖乎。

第四章 书院与书院的官学化

　　书院是我国特有的一种教育机构。书院之名起于唐代，是朝廷收藏、校勘图书的地方，其主要职责是刊辑经籍，有时设高官在内任职，兼负举荐贤才、参谋国事之责。宋代由私人创建，"以为群居讲习之所"的书院兴盛起来，官府也予以支持。南通境内也是自宋代始见有书院的记载，《万历志·古迹》记"紫薇书院，在州西北光孝塔右，今遗址四水尚存"。南宋嘉定年间（1208—1224），知州乔行简将通州贡院迁建于此，紫薇书院遂废。紫薇书院始办时间不详。此外，如皋县宋时有一所万竹书院，其记载见于清雍正二年（1724）。知县曹枢建崇正书院时，本县人胡杏山写的《崇正书院兴建记》中，仅有"宋有万竹书院"一句。宋时有关南通境内书院的记述极简，无一字记施教事。

　　元代，书院有较快的发展，南通境内虽没有建书院的记载，但朝廷有在路、州、县建书院的措施，南通境内也不例外。元代书院最大的特点是"官学化"，元朝政府一方面鼓励民间出资聘请学者兴办书院，但另一方面多数是和地方官学一样待遇的官办书院，山长授官衔并领取官俸，政府规定书院山长须经礼部、行省或宣慰司任命，或在朝廷备案，"凡路府州书院，设直学以掌钱谷，从郡守及宪府官试补"。

朝廷对书院的师资任用、组织机构,乃至经费供给都加强了管理。南通的地方志中也有相关的记载,《光绪志·官制》中就记载着元代通州书院设山长一人,"月米三石,俸钞十五贯;直学一人,书院设直学,以掌钱谷"。静海、海门、如皋三县的《官制》中亦有设直学的记载,《光绪志·文职表》和《万历志·秩官表》一样,未设"山长"一栏。而"直学"一栏,《万历志》存五人,即季世衡、袁浩、丘士元、林贵迁、邵尧嗣,志载他们的到职时间分别为至正元年(1341)、二年(1342)、三年(1343)和七年(1347);《光绪志》存四人姓名,少《万历志》载的季世衡,其时为海门县知县,《万历志》此处误载(静海、海门、如皋三县未有设直学和直学姓名的记载)。直学是书院的学官,《元史·选举志(一)》载:"凡路府州书院,设直学以掌钱谷,从郡守及宪府官试补。直学考满,又试所业十篇,升为学录、教谕。"元至正二年(1342)到任的直学袁浩为通州两大建筑各撰写记一篇。一篇是为州尹马毅撰写的《谯楼记》,一篇是为至元修文庙大成殿撰写的《重建大成殿记》,前者文存《地方志》一书,后者原碑石存于文庙戟门右侧乡贤祠内。袁浩除供职于通州书院外,也以善于文辞周旋于官场文苑之中。袁浩的存在表明元代通州确存在官学化的书院,仅是失载而已。

元亡之后,类似于官学的书院停办。明清南通境内出现了民间新建的书院,明有正德年间(约1513)顾磐讲学的铁渠书院;清有康熙年间(1662—1722)如皋白蒲名士吴峻主持的东田书院。同光年间(1862—1908),由名士张朴庄、李芸晖在通州吕四场(今属启东市)创办了鹤城书院。此外,如皋曾存一些民间书院,《光绪志·院塾》存其名,并有极简的记载。但雍正二年(1724),县人胡香山在所撰《崇正书院记》中却说这些书院:"如皋故无书院,宋以来家自为塾。其载在邑志者,县西北水泽王尧明(《志》文称为王俊义书院)

书院,窨子头丁天锡书院,安定祠侧陈省元书院(《志》文称为陈应雷书院),柴市湾许芳书院,然考之旧乘,皆家塾,非书院也。"如皋县明还有修篁书院,清有光绪十八年(1892)建于马塘镇(今属如东县)的培英书院,有关这两所书院的记载极简,可能也是所谓"家塾"。

铁渠书院,《万历志·宅第》载:其位于铁钱河(今铁星桥附近,因其地多次发现铁钱熔块而得名)附近,为进士顾磐讲学处(顾磐是明正德八年即1513年的举人,《万历志》误称他为进士),通州各地方志的《人物志》都曾为他立传。顾磐七岁能作文,九岁为生员,十二岁补廪生。中举后屡试进士俱不第,最后一次奉母命再赴京参加进士试,竟客死途中。顾磐"藏书数万卷,诗文皆有气骨,著盐法、钱谷、马政、水利诸论,皆凿凿中当世务",却科场困坷,"落落不自得",于是自设书院,以"接引后学",并展示自己的才学。

明清两朝,在南通境内规模较大、施教见成效而为时又较长的是官员在所辖地所创立的"官学化"的书院,这类书院的创办者有地方官员,如知州、知县、同知、通判、场大使,也有朝廷派来的官员,如巡盐御使等。

"官学化"的书院不仅因为是官员所创办的,他们或捐出薪俸、向士绅富豪发起捐款捐田倡议,为书院设置学田,取租息作为书院的开办和日常费用,提供教者的束脩和生徒的膏火费,实行了"官办民助";他们或制定书院规章,延聘书院负责人(名"山长",或称"院长")和教师;或亲临书院讲课,督促和考核生徒的学业。而且,这类书院与地方官学互为表里,其教学内容以儒家经典为主,按儒家道德标准施教,有的设供孔子和先儒、先贤像让学员祭拜。日常施教由讲学、做课卷转变为对八股文、试帖诗等科举应试项目的训练,和官学接轨,成为科举的附庸。清朝末年至光绪二十七年(1901),朝廷下诏改书院为学堂,书院全部停办,南通的书院史宣告结束。

南通"官学化"的书院：通州明有崇川书院、通川书院、忠孝书院（清改名文正书院）、五山书院，清有紫琅书院、乾隆初年（约1736）吕四场大使魏大升建的东瀛书院和同治七年（1868）知州梁悦馨建的东渐书院（东渐书院有学田161亩，有一块学田位于龙王桥，此处以后即以学田名命地名，直至现今）；如皋县有雍正二年（1724）知县曹枢建的崇正书院（于学宫之东南，堂舍能容百人居，有南沙田570亩，23年后书院废），乾隆年间建的雉水书院（后改名"安定书院"），乾隆十年（1745）栟茶场大使姚德璘建的南沙书院（废设时间不详）；海门厅清有师山书院。此外，原属泰州的海安明有凤山书院，清有明道书院；时属东台县的有光绪十四年（1888）角斜场大使唐如峒建的守正书院。

明代通州州判史立模于嘉靖七年（1528）在州治东神龙庙（即龙王庙，位龙王桥北）建了崇川书院；嘉靖十六年（1537），州同知舒缨在察院东（察院为谯楼东邻）建了通川书院，有到书院"亲为指授"的记载；万历中，知州林云程（1575—1577任职）在狼山建了五山书院。史立模、舒缨、林云程这三位书院的创建者来通州任职前都曾被贬谪。三位都是进士，史立模原任给事中职务，贬到通州只任从七品的州判，为州的第三职位；舒缨从南刑部主事贬到通州当了个知州的副手，是从六品的同知；林云程原任刑部侍郎，到通州任了个从五品的知州。但是这三位来通州后或兴学宫，或疏水利，或增建筑，或解民困，或建官办书院以振地方文风，颇有建树。虽然在建书院后不久，三人都升职离通，未待长久，书院大概也因没有学田租息等经费收入维持而废止，但三人之遗泽仍为后人所称道。《光绪志·院塾》中载："文会书院在试院东，明嘉靖十六年（1537）同知舒缨折通济仓半址建，三十二年（1553）毁于倭。"文会书院在《光绪志》之前各方志中均未载入,从创建者姓名与院址之所在来考析,应为前志所载的通川书院之误;又"毁于倭"之说亦不正确,此书院"在试院东",试院在通州域内,从未有倭攻入通州域之记载。

入清以来,朝廷对书院始为限制,"不许别创书院,及号召游食之徒空谈废业"。康熙以后逐渐变为支持,各级官府可拨给书院的营建和日常的费用。当然官府也加强了对书院的管控,如慎选师长,严择生徒,影响大的书院的师长还要由学政来考核,礼部曾议准每月之课以应科举考试的八股文为重,官学化进一步加强。只清一朝,南通有官学化的书院九所,几倍于明朝的书院数。是时,南通境内的书院与其他各地方书院的施教也大同小异。书院所收生徒有生、童之分,"生"为贡生、生员(含廪、增、附生)、监生等,"童"为未入学者,课程、教授、膏火的设置各不相同,年龄皆无限制。课分正课(又称"内课")、外课、附课三种,每课仍分生、童两级。学额根据书院膏火经费多少而定,正课生名额数确定,外课、附课生因投考人数之多寡而减增。正课生每月发给膏火费,外课生略减。书院设学舍,生徒本应住院,后来便不再一律要求。书院之考课有官课、师课之分,师课由院长主持,官课由地方行政长官主持。日期一般每月逢二三,或逢五八,或逢六九;月大约三课,官课一,师课二。课卷由官、师评定,生卷分为超等、特等、一等,童卷分为上取、次取、又次取,其列超等、上取者给以奖金(或视书院自制奖励办法),贫寒之生徒有靠奖金来支持日常生活。课卷有的限在院内完成,有的可携卷回家答好,但必须当日交卷。书院还定有甄别制度,有三年一甄别的,也有一年一甄别的,甄别不合格则有相应的惩处。

明清南通官学化的书院设时最长的是达360年的忠孝书院(后改名"文正书院"),达百年左右的依次为紫琅书院、雉水书院(后改名"安定书院")、明道书院和师山书院。

文正书院位于通州石港场,为纪念南宋末年民族英雄文天祥而建。南宋德祐二年(1276)三月,从被拘元营脱身的原丞相文天祥从通州城来到石港,后从石港附近的卖鱼湾渡海南归至宋室以图复国。三月十八日夜宿石港,并作题为《石港》的五言律诗一首。明嘉靖十三年(1534),石港始在东山(后纪念文天祥,改名"文山")上建了专祀文天祥的文丞相祠。嘉靖二十七年(1548),巡盐监察御史陈其学去祠祭拜,见祠宇失修,又见许多蒙童寄塾祠内喧哗嬉闹,失其庄严肃穆,认为"而制不崇则不尊,不尊则不敬,不敬则不从",于是修祠的同时,在祠西建书院。陈其学自己主持建院,并委派海门知县刘烛负责规划,运判冉从孺负责经费筹集。海门县籍正德年间探花崔桐(1478—1556)为之作《记》,述书院之盛:前为大门,中为堂,取文天祥《正气歌·序》中名句"况浩然者,乃天地之正气也"的"浩然"作堂名,后为寝室,左右为耳室。陈其学为书院取名为忠孝书院。康熙三年(1664),运判杨鹤年修缮书院,在内设供孔子和诸贤牌位,每年二月和八月上旬丁日的"丁祭"尤为隆重,还改忠孝书院名为文正书院。乾隆五十八年(1793),书院移建于文山之上,中间是讲堂,左设瓣香楼,后有寝室,又后为讲舍,左右为耳室。道光二十年(1840)运判赵祖玉、咸丰六年(1856)运判沈炳先后重修书院。文正书院置有学田,民国初年统计,存学田78亩,年租金61.74元(银圆)。抗日战争时期,文山多次被日军占为据点,几经兵火,文丞相祠(乾隆元年即1736年增祀范仲淹,已改称"二贤祠")和原文正书院的院舍俱被毁。光绪二十七年(1901),书院废办后,其址上新建高等小学堂,后为南通县第六高等小学。遗址现为通州区石港小学校园,校园中立二贤亭作为历史的纪念。

紫琅书院位于通州城内西北隅,南与天宁寺(西)、万

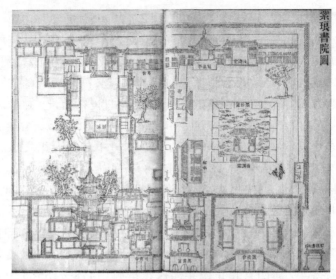

通州紫琅书院图

寿宫（中）和盐义仓（东）为邻。清乾隆十二年（1747），知州董权文在天真堂旧址始建了这座书院，是时坊额堂舍俱具规模，后来因经费困难而停办。乾隆三十一年（1766），知州沈雯又重启书院工程，本人捐俸，又请求上司拨给了原马厂公田1 000余亩（后坍没），每亩可收银三钱；又得到以州人马宏琦探花为首的近30位士绅富豪户的捐田，田租提供了重启书院和日常开支的经费。150余年后书院停办，至民国初年统计，紫琅书院有学田（含沙田）11 463余亩，年租金收入3 479余元（银圆），存典当钱庄本金9 998余元（银圆）。面貌一新的紫琅书院有石坊立于州后大街（后为中学堂街），进坊向北西折为东向大门。门内设前讲堂、后讲堂各三楹，讲堂旁有泮池。后讲堂西侧有亭，祀掌文运的魁星，亭之西为诸号舍。书院的大院内还设楼、宾馆和厨厕等生活设施。给事中王曾翼撰《通州紫琅书院重修记》，记下了这次紫琅书院重启大规模整修的前后过程。紫琅书院重启后，延聘浙西名士、进士吴坦为师。求学者群聚于院，乐弦诵于其中。乾隆三十五年（1770），知州孙耀德依照苏州府"书院平江条例"制定书院章程，肄业者达百二十人。吴坦之后，萧之礼、王曾翼先后来讲学。王曾翼讲学期间，一日三课。嘉庆中（1807年前后），翰林院侍读张涵斋来任山长（乾隆时，称"院长"），一日两课。后书院每月设课，除正月、腊月外，逢朔日举行一次，全年合十次。嘉庆十六年（1811）知州唐仲冕、道光十年（1830）知州周焘、道光二十二年（1842）知州景寿春、同治十一年（1872）知州梁悦馨等相继修缮过紫琅书院。紫琅书院于光绪二十七年（1901）遵朝廷旨意停办，次年在原址上创办了通州高等小学校。紫琅书院建院前后154年，生徒中颇有成就突出者。

如皋县的安定书院始名雉水书院。清乾隆十一年（1746），知县赵廷健到任，县士绅纷纷向他提议在如皋为胡瑗建书院。如皋是胡瑗的出生地，胡瑗是宋教育家，"学启关、洛，道广苏、湖，而亲炙于桑梓"。先前如皋属泰州，泰州设安定书院以纪念他，雍正以后如皋改属通州，如皋

如皋安定书院图

合当为胡瑗另建书院。赵廷健从众议,择址北宋文学家曾巩(前曾误为巩弟肇)的读书处隐玉斋西、泰山墩之南麓(其址今为江苏省如皋中学所用)建书院,又取《左传》中春秋贾大夫"御以如皋,射雉"的典故,给书院命名为"雉水"。书院次年建成,有书室、斋堂、寝处和厨厕,置学田,又延聘良师,本县及邻邑子弟都来就学,家贫者有资助,学业有进步者和考核得优者多有奖赏,时人以为"可与金陵之钟山、吴闾之紫阳,维扬之安定、梅花,千秋同一轨也"。这之后书院失于维修,院宇倾圮逾半。道光元年(1821),知县托克托布"以振兴学校,培养人材为己任",捐俸修葺,邑人踊跃输款约银2 300两助建,书院自讲堂至学舍,全为一新,建正室、奎阁、洗砚池等新设施。托克托布以为"文昭(胡瑗的谥号)之教泽遍天下,而兹邑实桑梓之乡",乃更署其名为"安定",并立石坊,题其额为"景行行止"。安定书院在咸丰以前(咸丰元年为1851年)每年官课六次,优秀生由县奖赏,另院课前五名生、童也由县给予奖赏。同治年间(1862—1874)改定章程,官课生员超等第一名奖膏火经费2 000文,童生第一名奖膏火经费1 500文。安定书院亦废于光绪二十七年(1901),其址上建安定学堂,后改为安定小学。

明道书院设在泰州海安域,清乾隆四十年(1775),监生程旭捐田,每年可得租金270两,初名"蓉堂义学",乾隆四十五年(1780)改为书院,取名"明道"。嘉庆八年(1803),程熙瑞重建讲堂。嘉庆十七年(1812),入书院内、外、附课的生、童各12名,成绩由泰州教官主持考核。是年,程熙瑞捐置房舍29间,并熟田375亩,监生韩大鹏捐草田400余亩为学田,每年72千文的膏火经费从学田租金中支出。书院的经费收支均为程熙瑞负责。清末废书院后,明道书院改设明道初级小学。

海门厅厅治后有山形似狮,名为"师山"。离山半里许,

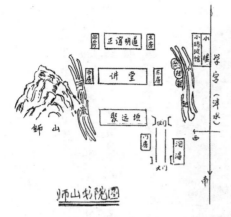

海门厅师山书院图

有书院以师山为名,厅学宫为其东邻。师山书院始建于清嘉庆十四年(1809),三年后落成。除前同知刘平骄捐银300两外,又得民间捐沙田7 800亩,士民占其十分之八,厅董事又补其十分之四,其田租以供永远经费,并由厅报礼部备案。书院大门南向,进大门有仪门,近仪门西为"聚奎垣",房、厅一进七间,俱南向。第二进居中有正房七间,讲堂在此,东西有两楼对峙,西楼遥与师山相望,东楼东有小池,池西多植桂花树,有三亭,名为"丛桂轩",池东有"小鸥波馆"和小楼一座。第三进有正房五间,设厅事,有额为"正谊明道",东西各有房舍。门堂大门、厨厕门在仪门间的西东两侧。光绪十二年(1886),是岁,官课五,师课五,每年春天三月开课、秋天九月开课,生内课额20名,外课额30名;童内课额30名,外课额60名。童内课一名,给膏火钱600文;外课一名,给膏火钱300文。生、童第一名俱给赏钱1 000文,二、三名赏800文,四、五名赏600文,六至十名赏400文。官、师课膏火奖赏由书院给发。师课兼试经解古学为小课,生、童额各10名,但给奖赏,无膏火。光绪七年(1881),张謇"冒籍"如皋,中附生,陷入被勒索的危局,幸得海门厅训导赵菊泉相助,留张謇住训导署,并亲授功课。师山书院位于学宫训导署西邻,其院长王汝骐亦爱后进,录张謇入书院,予以膏火,并为其疏通如皋学官,助张謇摆脱困厄。张謇与之结下难忘的师生情,以"弟子"身份为王汝骐

海门厅师山书院院长王汝骐像与张謇所题像赞

敬书《先生自题像赞》。

历史上南通境内存书院前后有24所，官学化的书院占总数的百分之七十有余，且书院一般俱具规模，办院时间较长。书院的官学化有助于书院数量的增加，维持书院的正常运作，增加了教育机构，扩大了教育面，推动了中国传统文化，特别是儒家文化的传承。但是书院官学化，也成了科举的附庸，为科举应试服务，这就必然使科举的弊端不可避免地在官学化的书院中出现，最突出的是使书院失去了固有的传统和精神，失去了多样的办学形式和自由讲学等富于创新的教学方法，失去了丰富多样的教育内容。这样的结果是官学化的书院从僵化、消沉、活力下降到必然衰败，南通的书院也难逃这样的厄运。本来清朝光绪初有些书院受西学的影响，顺应历史发展的趋势开设新课程，"分课经策，兼及泰西各学"，可以稍延书院的生命，但南通放弃机遇，书院逐渐名存实亡,直至光绪二十七年(1901)朝廷最后下旨停办。而一江之隔的江阴的南菁书院讲授经学和古学,经学包括性理之学,古学包括天文、算学、舆地、史论等,以补八股时文的偏颇。南菁书院所设的课程吸引了南通的学子,好多人舍近求远,渡江求学成一时风气,可知姓名的就有20余人,其中有成就的留下著作者不乏其人,如学舆地的白毓昆(字雅雨,1868—1912),在上海澄衷学校为胡适之师,在北洋政法学堂为李大钊之师,编辑我国最早的地理学期刊《地学杂志》,后为辛亥滦州起义事件的参谋长,英勇就义;学经学的孙钺(字子铁,1876—1943),后随张謇办博物苑,成为中国第一所博物馆的主任,著有《植物病理》等著作十余种;学数学的崔朝庆(字聘臣,1860—1943),曾任北京练兵学堂和南通大中学校教员,著有数学著作《数学智珠》等十余种;学西学的尤金镛(字亚笙,1868—1957)精于化学,为南通最早的化学教师之一,著有《近世化学教科书》;学经学的徐昂(字益修,1877—1953),著有《易林勘复》等30余种,汇编成《徐氏全书》100卷,近120万字;而达李(字继聃)则留南菁书院任经学长……可惜这些学有所成者,均非出自家乡的书院。

附录

石港忠孝书院复建记
[明]海门县　礼部侍郎　崔桐

监察御史行庵陈使君奉敕督两淮鹾政，君克勤攸司，周历部所。戊申孟秋，滨海涉滓，抵通之石港焉。故有宋丞相文先生祠，盖丞相由高邮而通渡海遗迹也。使君拜瞻展敬，企慕徘徊久之。既见其栋宇圬庙，且群蒙杂集，乃叹曰："赵宋三百年仁厚风化，至先生而报成，天地万古之纲常，正气赖先生而不陨；知祠宇其神，而制不崇则不尊，不尊则不敬，不敬则不从，非所以昭前烈、兴嗣学也。"亟檄有司相土恢院，延师授徒，用广崇奉焉。谓海门刘尹烛善规画，俾虑事授成；谓邑簿沈钦敏经理，俾庀材典植；谓司帑赢储可取给；命运判冉从孺发金三百有奇。于是群司励力奉公，勉勿愆素，己酉孟夏以就绪谒。前为门，中为堂，后为寝，又后为讲习所，左右为耳室，统若干楹。使君题其院曰"忠孝堂"，曰"浩然介"。刘尹暨邑庠师生谒碑事于余。余曰，桐也不德，荒秽之言恶足以辱文山哉，既有感使君命名之义，作而叹曰："颜斯名者，其知道矣乎！《传》曰：'事君不忠，非孝也。战阵无勇，非孝也。'先生自髫龀见学宫所祠欧、胡诸乡贤，咸以忠谥，即欣然慕曰：'没不俎豆其间，非夫也！'弱冠举进士，有司奏其廷对，忠肝古谊，为得人贺。及宋事不竞，虽敌臣宏范亦以'忠孝尽矣'为改心劝。《正气》一歌，所谓立地维，植天柱，贯日月，系三纲云者，是诚浩然磅礴，塞宇宙而荡沧溟者也。是气也，宰罗之怒不能屈，柴市之惨不能杀，杭潮之盈缩不能泪，厓山之飓涛不能溺，殆有与胚运元化相流通者。要其学问出于孔孟'成仁取义'之赞，其渊源可溯也已。"使君既恢乃崇，且图买学田若干亩，馆谷十场，俊秀其中，俾山仰斗瞻，童习而壮行焉。吾知崇其本而作其气者，其贞忠茂节，岂无文山其人嗣而兴乎？使君山东登州人,讳其学,盖宿闻邹鲁之风者也。

新建如皋雉水书院记
[清]如皋县知县　赵廷健

乾隆十年,教化翔洽,文风丕盛,正学硕德之儒臣,济济盈廷,足以轶汉唐,而成三代之英。乃命翰林与大小臣工联咏柏梁体,赓歌喜起,如游熙暤之天焉。又临幸贡举院,悯恤儒生,风檐寸晷,进取艰辛,为之赐咏纪恩,曰:"从今不薄读书人。"纶绰之音,海流风动,虽穷乡僻壤莫不感激兴起,以读书人自期。而况如皋乃胡安定先生故里。先生学启关、洛,道广苏、湖。而亲炙于桑梓者,其砥砺奋迅,讲道考业,深入乎三有之域也,尤为不戒而孚。廷健于其莅邑也,始知月吉、饮射诸法,与皋人士揖让进退,其诸鱼鱼雅雅,望而知为安定弟子,与于时,蒋绅先生及国学乡校诸生环而请曰:"如皋旧属扬郡,故郡城书院署以安定,皋人士附从之。迩年,分隶通州,合另建讲堂,用率诸生肄业。但先是曹侯于泮宫池南肇基书院,又公捐育才圩沙田五百七十亩,岁收所获,用备师生束修膏火。浸传浸怠,而教与学因之中废。兹但伙金举事,大启疆宇,而不请归旧田,为多士计恒产,其何以计长久乎?"廷健于是上其事于各上官,上官允所请。爰卜宋曾文昭公隐玉斋西偏、泰山墩之南麓,构斋堂、书室、寝处、庖湢,罔不具焉。从古礼,延通籍而优行者为师,俾县乡及邻邑子弟咸来就学,月旦望集而申伦常之义。诸生业进者每有赏,才富家贫不能裹粮者资之,俾葳咸。四赋之出入,主院事者司之,日月有籍,月考朒赢,岁二会,其数有余,则贮于他库,俟益田以广其业。后迁其旁育婴堂于曹侯旧建小院,而以堂为别塾,课童蒙,俟其长,始赴书院受业,故以义学为附庸,而统榜其正坊,曰"雉水书院"。如皋射雉,借名于《左氏春秋》,而《易》象为离,丽天明而华虫藻火,观文化成。郭宏农所赋赤岸银涛,又适当其境。取义于水者,正以其文心浚发,洋洋浩浩,韩之潮,苏之海,足以想见其襟期渊雅也。督学尹司空博野公闻而奖劝之,署其堂曰"立诚居业",且亲莅讲学,流示风声。吾道大光,斯文有幸!书院之建,其亦安定遗风,籁鸣机动,至今日而得一振欤。夫废之兴,世固视夫专任之力,亦必藉众力之趋,兹役之举,非分任诸君子乐善好义以助其成,廷健曷克底此。后之总其成者,亦如诸君子之乐善好义焉。毋丰已以自私,毋橐蘖以启衅,毋狎匪类而斁厥彝伦,毋树朋党而雷同毁誉,庶不负今日之助其成乎!抑吾望受业诸生,振振焉,循循焉,沐浴乎师儒之教,而经明行修,文章品识进于三代之英也。

如皋安定书院更名记
[清]如皋县 署知县 胡杰

先贤为百世师,闻其风者,天下莫不兴起,岂一郡一邑之所得私耶?然地以人传,必求其实。不佞束发时,慕安定先生名,比长遂游江淮间,适广陵郡城有安定书院,询知安定为如皋人。自元、明以至国朝雍正二年已前,犹隶泰州,而领以扬郡,未之改也。道光二年壬午冬,承之兹土,下车时见都人士咸循循雅饬,斐然成章,风教固殊焉。以是,知密迩薰陶于数百年之久,有如此之论浃而弥深也。抚故里之碑,问衣冠之墓,不禁为之低徊不置云。先是,邑有崇正书院,为雍正甲辰前宰桐川曹君所建,在学署东南隅。雄水书院则自乾隆丁卯前宰永斋赵君捐俸,购得邑人范大年别业,而移建于此,迨七十余年。而长白托君静斋宰是邑,以振兴学校,培养人材为己任。维时,院宇倾圮迨半,生徒肄业日多,托君方议捐俸修葺,而邑中绅士争先输助,醵钱不下二千缗,与文士胡君萱生、石君和董其事。自讲堂以至学舍数十余间,鸠工庀材,悉起而新之。托君喟然叹文昭之教泽遍天下,而兹邑实桑梓之乡,乃更署其院曰"安定",复颜其额曰"景行行止",因系以跋。工未竣,而托君有都门之役,不佞适摄宰篆。越明年四月,院始落成,佥曰:"此诸君子之善也,是不可没。"爰辑其捐赀姓氏,会计出入之数,命工勤石以记之。复请于不佞纪其实,以示毋忘。方今化成久道,正学昌明,士生其间者莫不观感奋兴,骎骎乎明体以适用,不屑从事乎袭章句,俟进取也。矧皋邑为安定先生故里,有不警觉于古昔先民,正谊明道,以应熙朝作人之化!是则托君崇先正、迪后学之厚望也已。若夫安定先生学启关、洛,道广苏、湖,教泽被乎天下,如水之流行地中,无所往而不在也。岂惟一郡一邑之士私淑云乎哉,是为记。

通州紫琅书院重修记
[清]给事中　王曾翼

国朝文教覃敷于今百有三十载。溥天率土,涵濡圣化,蒸蒸向风,弦诵之声比户相闻。学校而外复有书院,自通都大邑逮及遐陬僻壤,士之俊才好学者聚而肄业,多者或二三百人,少亦不下百人。资以膏火,程以课试,彬彬乎称极盛焉。通州为江北大藩,五山灵秀所钟,名公、巨卿、鸿儒、硕士接迹而起,号声明文物之邦,顾独未有书院。乾隆丁卯,前刺史董公权文慨然兴举,相地于城之西北隅,得天真堂废院,曰:"是可改而为也。"爰立坊额,将草创规模,徒以经费无出,事竟中止,邦人惜之。越岁丙戌,刺史沈公雯嘉前守之意,而怅其未成,谓向之难者,诸生膏火之资耳,有马厂地若干,盍请于大宪而拨充焉。既得请,因复规画经营,谋诸士绅,踊跃输助。于焉整葺堂宇,师生之舍,焕然聿新,续又捐置田亩以佐经费,延致绅耆之公正而能事者董司出纳,规模始具矣。乃敦聘浙西名进士吴公坦为之师,自是州之髦士乐得群居弦诵于其中。佥曰:"微董公之力弗能兴,微沈公之力弗能成也。"继沈公后者,刺史怀来孙公斟定章程,一遵苏郡平江条例,可垂久远。适观察袁公按部至通,留意人文,扃视多士,甄取百二十人为肄业者,视昔倍之矣。今刺史平陆荆公以词馆前辈来守是邦,其所为鼓舞作新嘉惠来学者,更当何如?岂非此邦人士之厚,幸与翼学殖芜浅,谬主讲席,窃有谂于州之士大夫,曰:"天下事创始极难,善后尤不易。今之书院赖贤刺史之力创,厥始而观厥成,又得贤刺史为之继,诚盛举矣。"善后之事,乡先生当有分其责者,将何以仰酬德意,相与竭力维持,庶几绵教泽于无穷也。抑且进同学诸生而告之曰:"书院之设与学校相表里,育才成德,所望良多。夫自唐宋以来,名都大县生徒云集之区指不胜屈,方其时,岂不盛哉!迄于今罕有传者,而独鹅湖、鹿洞千古师其遗法,有志之士固当闻风兴起也。若徒欲采浮华,猎声誉而已,岂惟上负圣朝文教之隆,不亦深惭贤刺史乐育储材之意乎!"众皆曰:"然!"敢以斯言勒诸石,时乾隆三十八年癸巳闰三月也。

(下附书院田产清单,其中有州人给事中马宏琦等捐给书院学田和钱款共三十余项,含捐赠人姓名及捐赠数量,未予抄录。)

师山书院记 后记
[清]海门厅 恩贡生 沈之瑾

海门厅治后有山,相传郡民刘陈氏积土为之,后人建大士阁于上,以镇潮患。山形似狮,名曰师山,书院之以师山名因此。院离山半里许,而横河左,并学宫基地千六百余步。经始于嘉庆十四年己巳,越三年辛未落成。糜白金万有七百余两,前邑侯刘公平骄,创捐三百两外,士民捐助者什之六,经董筹补者什之四。先后得沙田百有九十万五千余步,以岁租所入为永远经费,由厅详情大吏咨部在案。院制坐北向南,环以墙,分为三埭。第一埭正房五间,设厅事额曰"正谊明道"。东房东临带水,旭日临窗,绕阶花木蓊郁。西房庭空如水,房右侧屋三椽东向，由厅事中庭出，数武有墙，墙有门。门外第二埭，正房七间，中为讲堂，左右两楼对峙，左侧逼近仪门，为出入要道。右则去门稍远，遥与师山掩映。每当春秋佳日，登楼西望，沟洫纵横，一绿无际。楼前小屋两楹，回环背向，盖有如附庸云。讲堂对面，隔以门垣，曰"聚奎垣"，则第三埭矣。亦正房七间，有厅有房，俱北向，由聚奎垣倒行六七步，东折即讲堂之东，南角则仪门在焉。东向门房三间，出门南去，双藤夹道，绕屋扶疏，花时烂漫多姿，令人低徊不能去去，此则大门矣。门内门房二间，门外庖湢一所，其正房之左，地接宫墙。昔人凿小池于其间，环以石塘。开沟一派，引泉入墙内，即厅事东房之东窗外也。塘上栽芙蓉十数株，与池中荷叶，迭相吐艳。沿堤垂柳丝丝，左萦右拂，柳阴中露出一朱栏曲折桥，迤逦东渡，有亭三楹，翼临水上，颜曰"丛桂轩"，庭内多桂花，今则不复存矣。而紫薇一本，奇古可爱；梧桐百尺，碧影参天；间以芭蕉、翠竹，凭栏闲眺，逸兴渤然。遥望对岸，船庭三间，曰"小鸥波馆"，八窗洞达，风日和好，冬夏皆宜。后有小楼，东邻学宫，俯视泮水，荇藻交横，游鱼可数。又有长松古柏，接影檐端。鸟鸣嘤嘤，迭相唱和。回头南望，仪门大门忽然现于前矣。统计正房十九间，零屋十一间，门房六间，厨灶庖湢备具。度以曲槛，间以围墙，地不盈十亩，而寻丈中俨有不尽之观。盖当日良工，心苦如此。惜八十年来无有记其事者，后生小子鼓箧来游，试问是院创于何人，始于何代，俱茫乎不知。余不文，深恐年愈远则事愈湮。适今春督匠修葺院宇，并新建丛桂轩后套房三间，遂搜讨家藏手抄卷宗，并将平时得诸故老者证诸当前，率笔记之，并记捐助、创建诸公之姓名于后，时光绪十二年仲春月。

后记曰

岁甲申夏四月，邑侯陈公家熊采同学议，以余董师出书院事，辞，不获。六月，李公春藻莅任敦促之，遂于八月朔日应命。是月也，阴雨匝月，木棉不花，而书院岁入仅系田租，田租之出半在木棉。平年额征钱二千余串，向章支付至二千六百余串。历空之余，乘兹歉岁，其支绌赔累，有不待言者。踵而仍之，不数年而书院不复存矣，不大负前人创造之心乎哉？且地方善举，其不能垂诸久远者，必因经费不敷。经费不敷，以规条不立，未尝量入以为出也。然则欲挽今日书院之积弊，断自裁汰浮费始。潘君镇者，浉水人。游邑幕，闻余言，袖手抄帙来曰："君所谓浮费，其各衙门之报销房费乎？"曰："然。"曰："以彼挟上游之势，坐享其利，历有年矣。一旦裁之，其如报而不销何？"余未有以应。曰："如君言，必不报而销而后可，我为君计之久矣。请视此乃前制府湘乡曾文正公核定徐州府铜山、沛县书院章程也。内开公产，照例征赋，别无报销之说。两县书院，皆官督绅办，实用实销。不得造册送上司衙门备查，致启经书讹索之端。"至哉言乎，事而不报销，漫无稽考，其浮滥不可知；事而必报销，胥吏诛求，其浮滥愈不可知；惟严立规条，官督绅办，寓报销于不报销中，非文正公之实事求是不能出此。不揣固陋，援两县例而变通之，准诸岁入，拟为条规。几裁上下衙门报销，暨常年房费、节礼等项钱七百余串，岁增生童花红膏火二百余串，会同徐教谕云锦、陈训导子兰、黄徵君景仁、秦孝廉兆鹏、黄经历世丰、沈明经廷垣、黄明经锡龄、刘廪生逢吉、沈茂才士超、倪茂才栗，联名禀请当事转详大吏，得知所请。于戏！以区区岁入二千余串之书院，即甚撙节，除赋税，修脯仓，用薪水，一切日用，外其沾溉士林几何哉？虽然，有倡于前，必善其后。他日规模式廓，自在后之有力者。今日得诸君子相助为理，俾书院不至废坠，以无负当年创立之苦心，不可没也。作前记成，故复记之以附其后。

第五章 学宫,庙学合体之文庙

南通境内设立的儒学,按不同级别的行政区划,分为州学(宋代一度升为郡学,元代短期升为路学)、县学和厅学,它们都按朝廷统一的规制建文庙,而且和当地的儒学合设为一体,称"庙学",又称"学庙",还称"学宫"。学宫中的文庙是主祀孔子的礼制性的祠庙,又称"孔庙""夫子庙""至圣庙""先师庙""先圣庙""文宣王庙",旧时遍布全国各地。文庙和儒学合体的庙学是按朝廷统一的规制设置,但各朝各地屡有变化,难以一一记述。本章记述以通州文庙为重点,记述祭祀时以清光绪朝时的状况为主。

宋太平兴国中(979—981),通州建先圣庙于城中西南,通州知州曾环于太平兴国五年(980)建州儒学于城东一里。乾兴元年(1022),知州王随迁庙州治东,即庙为学,始成合体的学宫,南宋数度毁于战火。元至正二年(1342),第四次重建文庙大成殿,这之后再未有重建的记载。自宋以来,通州文庙位于庙学之前半部分,儒学位于其后,前庙后学成合体,其重要建筑在一条南北中轴线上。清代通州文庙自南至北有棂星门、泮池、泮桥、戟门、大成殿,大成殿前有东西庑,戟门西侧东有名宦祠、西有乡贤祠。文庙的东西两边各设崇圣祠和忠义孝悌祠。

通州文庙之大成殿

　　棂星本是星宿之名,取为文庙大门之名,其意在尊孔如敬天。南宋嘉定八年(1215),教授卢端谊曾建通州文庙棂星门,后废,重建于明正统九年(1444)。弘治三年(1490),以石易木。棂星门南有一木牌楼,立于月台之上,四柱三间,有顶,重檐,坊额上有"泮宫"二字,名"泮宫坊"(有顶者为牌楼,无顶者为牌坊,民间习惯将两者通称"坊")。古称诸侯校为泮宫,此坊曾名"兴文坊",立于通州东大街北侧。隔街,南有一座石牌楼,高高的四根麻石柱托住坊顶,汉白玉的石额上镌刻"云程"二字,这座云程坊缺建造年月的记载,同济大学古建筑专家陈从周认为"这是一座很好的明代牌坊"。文庙前临东大街的东西两端各有跨街的木牌楼一座,这两座牌楼都由木柱支撑着,有斗拱的屋顶,屋顶下横梁上固定着匾牌。东为"龙翔",西为"凤翥","翔""翥"都有腾飞之意,寄希望于通州文运兴旺。西牌楼由知州周长应建于明天启三年(1623)。棂星门前四坊之间划出的一个小空场,便是南通人熟知的"儒学前"("学",南通方言读若"鹤"),加上门东西各立一块高大的"下马碑",碑上刻"一应文武官员军民人等在此下马",这样未进文庙,已觉文庙之肃然而生崇敬之情。

走进棂星门有一半月形的水池,古代诸侯之学只能南面有水,名"泮水",辟引之,故名"泮池"。南宋嘉定八年(1215),教授卢端谊曾疏通州文庙的泮池。明弘治三年(1490),知州傅锦将重建后的泮池迁址,并跨池建石质的泮桥,或称"泮池桥"。过泮池桥就到了文庙二道门,古代显贵以戟为门,文庙称"戟门",彰显尊崇。通州文庙的戟门见于记载的,最早建于明正统九年(1444),知州刘复、州人陈敏、陈瑄等合力而成。正德十二年(1517),知州蒋孔旸又重建。

进了戟门便是中轴线上祭祀孔子最重要的主体建筑大成殿。宋代尊称孔子为"大成至圣","大成"二字出自《孟子》一书中"孔子之谓集大成者也"一语。通州文庙大成殿在南宋时随学宫一起三度被毁。南宋绍兴二十三年(1153),署知州方云翼重建。咸淳二年(1266)知州冯弼、教授黄焱和咸淳八年(1272)兵部尚书、州人印应雷又两次重建。最后一次重建是在元至正二年(1342),通州达鲁噶齐卜颜不花、州尹郭某(失其名)、教授罗汶成等捐资而成。旧志载捐资者还有安远大将军张弘纲,但张弘纲已于大德五年(1301)战死,此说有误;捐资者应为张弘纲之子张鼎,他曾继任父亲安远大将军的职务,此次再建之时,他已定居通州十余年了,张鼎于至正十年(1350)病逝于通州。至于又一次重建年份,《万历志》载为至元十年(前至元十年,即1273年,但元兵占领通州时在至元十三年,即1276年;后至元无十年,此记载有误);《光绪志》作后至元元年(1335);元直学袁浩至正五年(1345)所撰《重修大成殿记》与明正德年间(约1514)邵棠所撰之《记》俱载为元顺帝至正壬午岁重修,定为至正壬午年,即至正二年(1342)再建。这之后大成殿有近十次重大的修缮,明洪武二年(1369)知州熊春,正统九年(1444)知州刘复等,弘治三年(1490)知州傅锦,清顺治十三年(1656)知州彭士圣,康熙九年(1670)知州王廷机,康熙二十年(1681)训导马玉,乾隆十九年(1754)知州王继祖、训导吕淑茂,同治六年(1867)知州梁悦卿,中华民国10年(1921)本县张謇等先后重修,但未有再建的记载。

清光绪时,通州文庙的大成殿是一座重檐九脊庑殿式建筑,面阔三间,进深三间,为抬梁式结构,殿柱36根,柱头有"卷杀",下有墩式柱础,外檐斗拱重昂,转角出重昂三层。殿前有石栏相围的月台,砌石为阶,中、左、右的石阶涂饰红色,为高品级的丹墀,月台上安放拜位。月台前左右各立一块丈余高的石碑,左刻康熙作《御制至圣先师孔子赞(并序)》,右刻康熙作《御制颜子赞、曾子赞、子思子赞、孟子赞》。通州文庙大成殿是昔时南通规制最尊的建

《通州儒学重建大成殿记》拓片
元至正五年(1345)直学袁浩撰

筑,唯有"至圣"孔子才配享有这样的荣耀。

大成殿当中一间南向正位供奉着主祀的孔子。明嘉靖九年(1530)以前,供奉的是服衮冕的"大成至圣文宣王"的塑像,这一年,皇帝下令改用了高三尺三寸七分、阔四寸、厚七分、座高四寸的木主,蓝底色上配金字,书"至圣先师孔子之位"。大成殿东西两间还供奉着"四配"和"十二哲"的木主。东面一间配位上南向供奉着配享的"四配"中的"两配":复圣颜子(回)和子思子(伋)两位。颜回(公元前521—公元前481),鲁国人,他性格恬静,长于深思,安贫乐道,是孔子最钟爱、最得意的门生;颜回亦为"十二哲"之首,明嘉靖九年(1530)得"复圣"封号。孔伋(公元前483—公元前402),孔子之孙,他曾拜曾参为师,苦读不辍,勤于思考,深得孔子思想真传。除授徒外,他致力于著书,儒家经典《中庸》为他所作。孟子为他的再传弟子,继承和发展了他的思想,立"思孟学派"。明嘉靖九年(1530)被封为"述圣"。哲位上配祀着"十二哲"中的闵子(损)、冉子(雍)、端木子(赐)、仲子(由)、卜子(商)、有子(若)六位的木主,西向。大殿西边的一间配位上南向供奉着配享的"四配"中的另外二位:宗圣曾子(参)和亚圣孟子(轲)。曾参(公元前505—公元前432),鲁国人,沉静、谨慎、谦逊、正直,受业于孔子,学有所成后,便开始讲学,拒绝齐、楚、晋等国聘为高官的请求。他的弟子有70多人,被视为孔门中道统的继承者,明嘉靖九年(1530)被封为"宗圣"。孟轲(公元前372—公元前289),鲁国人。他受业于孔伋的门人,学业有成后,历游诸国,有弟子3 000多人。孟子提出了"性善论";政治上,提出了"民为贵,君为轻",民可群起推翻暴君,主张法先王,"行仁政"。他的思想主要保留在《孟子》一书中,他相当深刻、全面地继承并发展了孔子的思想,被后世尊奉为仅次于孔子的圣人,明嘉靖九年(1530)

得"亚圣"称号。哲位上配祀着"十二哲"中的冉子（耕）、宰子（予）、冉子（求）、言子（偃）、颛孙子（师）、朱子（熹）的木主，东向。"十二哲"中除朱熹是宋儒外，其他都是孔门弟子；端木赐为卫国人，颛孙师为陈国人，言偃和卜商是南方人，其他都是鲁国人。"四配"的木主按规制高一尺五寸，阔三寸二分，厚五分；座高四寸，阔六寸，厚二寸八分，红底色金字。十二哲的木主小于四配，高一尺四寸，阔二寸六分，厚五分，座高二寸六分，阔四寸，厚二寸，赤地金书。大成殿里的受祀有主祀、配享、配祀之分，木主尺寸有着严格的区分。

　　通州大成殿内的梁间和全国的其他文庙一样悬挂着清历代皇帝赞颂孔子的御书匾额：康熙题"万世师表"，雍正题"生民未有"，乾隆题"与天地参"，嘉庆题"圣集大成"，道光题"圣协时中"，咸丰题"德齐帱载"，同治题"圣神天纵"，光绪题"斯文在兹"。这些都给孔子最高的评价。

　　在大成殿内举行的祭祀活动主要有谒庙和丁祭。

　　谒庙，一是平日每逢朔、望，通州知州率僚属和学官，带领生员们到大成殿，在诸木主前上香，行跪拜礼。二是学政发

通州文庙行"丁祭"礼

出新入学生员的名单后,穿戴雀顶蓝衫(生员服装)的新生员择日集中到官署大堂赴宴簪花后,由学官率领前去大成殿拜谒孔子。三是每逢院试,主考的学政到通州后的次日,要身穿朝服到大成殿拜谒先师,而州学教官要更早些率领生员在棂星门前等候,礼毕,师生还要恭送学政到明伦堂。

每年农历二月、八月上旬的丁日要举行大规模的释奠礼(古代祭祀先师高品位的典礼),故名"丁祭"。丁祭从参祭人员、祭器、祭品、所用音乐舞蹈到祭仪的每道程序,各朝都有具体的规定。清代光绪初年,通州文庙丁祭的相关状况在光绪《通州直隶州志·学校志》中留有记载。

参加丁祭的人员有充当主献官、分献官、陪祭官的承祭官,有祭祀中分担各项执事的礼生,仅在大成殿就有104人。他们或是负责祭器、祭品的安排,如拂拭、陈设、监宰、涤器、瘗毛血、司盥洗等;或是为导引仪程进行的通赞生和引赞生;或是负责上祭时的具体事务,如司文榜、读祝、司尊、司乐、彻馔、司班次、司(接)帛、司(接)爵等。行释奠礼时,音乐、舞蹈配合始终,因而设乐生51人,其奏乐器的45人,歌者6人;演舞的舞生38人,其中执节的2人。乐生和舞生合称"乐舞生",亦称"佾生",从尚未入学的童生中挑选成绩尚好的少年充任,获得佾生资格的可不参加县、州试,直接参加院试。

至于通州文庙丁祭时用的乐器,明嘉靖十六年(1537)同知舒绥曾新制各式乐器和舞器,到清光绪时有各种乐器80件,有

通州文庙"丁祭"之乐器和舞器

麾（乐队指挥用器）、柷、敔、琴、瑟、编钟、编磬、埙、篪、箫、排箫、笛、笙、博拊、建鼓、木柉等各若干件。金、石、竹、革、丝、木、匏、土，八音俱全。舞器共有74件，其中旌旗2件，籥（乐器）、翟（雉羽）各36件。通州文庙自宋咸淳二年（1266）教授黄焱始具祭器以来，元、明、清三朝都有新设或重修，至清光绪年间有爵、登、铏、簠、簋、笾、豆、筐、俎、尊、勺、幂、炉、祝版、案桌和各种用途的盆、架，共1 764件，其中用于大成殿的约1 400件。是时用的祭品，正位孔子木主前有三爵，太羹（不加调味的肉汁）一登，和羹（用了调味品的羹汤）二铏，黍、稷各一簠，稻、粱各一簋，形盐、藁鱼、枣、栗、榛、菱、芡、鹿脯、黑饼、白饼各一笾共十笾，韭菹（菹，腌制或切碎的菜）、醓（醓，醋）、醓（醓，肉酱）、菁菹、鹿醓、芹菹、兔醓、笋菹、鱼醓、脾析（牛胃）、豚拍（猪腿肉）各一豆共十一豆，帛一筐，牛、羊、豕各一俎共三俎，酒一尊、钘一、镫二、布幂和勺具等。配位分设四祭案，每案无太羹，省去黑饼、白饼、脾析、豚拍和牛，余同正位。哲位分设十二祭案，祭品有和羹、黍、稷、形盐、枣、栗、鹿脯、菁菹、鹿醓、芹菹、兔醓、帛、羊、豕和酒。

通州文庙丁祭前一日，主祭官、分献官要穿朝服到省牲所行"省牲"仪，设香案，执事人将丁祭用牲牵至香案前，承祭官们作揖行礼并省察用牲的肥壮，以后还要到厨下视察用牲的清洗，并取毛血贮于净器之中，以备行祭地的"瘗毛血"仪式之用。

丁祭之日，鸡初鸣，承祭的主祭官、陪祭官、分献官俱穿朝服齐集于斋所，引赞生引导他们至舆洗所洗手，通赞生唱："乐舞生登歌，执事生各司其事。"乐舞生进场，舞六佾（纵横各六人，执翟籥的舞蹈，古行于诸侯，祭孔曾用过纵横各八人的八佾舞）。引赞生分次先后引陪祭官、分献官、主祭官各就拜位肃立，完成丁祭的第一道仪程"就位"。通赞生接着唱"迎神",将大成殿前搭起的燎架上堆置好的柴木点燃,"燔燎"开始,又"灌鬯",将香酒洒于地上,通天地祈求神灵降临。通赞生唱"举迎神乐",乐生奏起《昭平之章》。引赞生引主祭登阶,入大成殿左门,先后到孔子及"四配"祭案前行"跪—叩首—上香—再叩首—上香—三叩首—上香—叩首—起"之礼;同时,引赞生引分献官至东西两边"十二哲"祭案前一样上香行礼。后引赞生引众承祭官复位,行三跪九叩礼,乐止。丁祭第二道仪程"迎神"成礼。通赞生唱"奠帛,行初献礼",司帛和司爵的礼生分别捧盛帛的筐和注酒的爵上前,此时乐生奏《宣平之章》,六佾之舞又起。引赞生引主祭官至孔子案前跪下,一叩首,司帛的礼生跪进筐给主祭官,主祭官接筐现帛高举,转授给接帛的礼生陈至祭案;司爵的礼生跪进爵给主祭官,主祭官接爵高举,转授给接爵的礼生陈至祭案。奠帛献爵之礼成,主祭官再次叩首后起立。引赞生引主祭官到读祝(祭文)位跪下,引司祝的礼生捧祝跪于其左,分献官、陪祭官俱跪下。音乐暂止,通赞生唱"读祝",司祝礼生读毕祭文,奉上孔子祭案,三叩首后退下。音乐又起,众承祭官行三叩礼,引赞生引主祭官到"四配"祭案前行奠帛献爵礼,引分献官到"十二哲"祭案前行奠帛献爵礼之后,通赞生唱"初献礼完毕,复位",音乐又止。众承祭官复位,丁祭第三道仪程"初献"礼成。通赞生接着唱"举亚献",音乐奏《秩平之章》,六佾之舞继续,承祭官献爵,仪式如初献。通赞生唱"亚献礼毕,复位",完成丁祭第四道仪程"亚献"。丁祭第五道

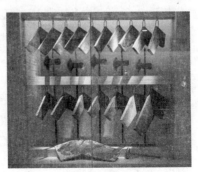

通州文庙的部分乐器

通州文庙的部分礼器

仪程为"终献"。音乐奏《叙平之章》,承祭官献爵亦如亚献,终献礼成后音乐停止,舞生退下。通赞生唱:"诣受福胙位。"福胙是祭祀用过的酒和肉。引赞生引主祭官到孔子祭案前受福胙位跪下,司饮福的礼生捧爵自右进福酒,主祭官授爵并高举,然后将爵转授于左边跪受福酒的礼生,受胙亦复如受福。这时通赞生唱"谢受福胙"。礼生行礼退下,主祭官三叩首后复位,与众承祭官行三跪九叩首礼。丁祭第六道仪程"受福胙"礼成。此后,《懿平之章》乐声起,通赞生唱"彻馔","彻"也作"撤",即撤去祭品。彻馔的礼生上前将各祭案上的祭品移去,完成丁祭的第七道仪程"彻馔"。丁祭的第八道仪程,也是最后一道仪程是"送神"。音乐奏《德平之章》,各承祭官行三跪九叩首礼,通赞生唱"诣望燎处",司祝、司帛、司馔、司香的礼生各从祭案跪取祝、帛、馔、香,三跪首(司馔者免),依次恭送到燔燎处。主祭官避立一旁以示敬意,然后引赞生引主祭官到燔燎处视祝、帛、馔、香等焚烧,音乐继续奏《德平之章》,待焚烧毕,通赞生唱"礼成"。丁祭在大成殿的主祀、配享、配祀全部告成。

当大成殿进行丁祭时,大殿前东西两庑"从祀"先贤和先儒的祭仪也在进行。两庑从位上的人员历代略有变化,但都是由朝廷颁定的。先贤者以明修道德为主,先儒者以传经授业为主。光绪时东庑设有先贤、先儒71人的木主，先贤有公孙侨、林放、原宪、南宫适、商瞿、漆雕开、司马耕、梁鳣、冉孺、伯虔、冉季、漆雕徒父、漆雕哆、公西赤、任不齐、公良孺、公肩定、鄡单、罕父黑、荣旂、左人郢、郑国、原亢、廉洁、叔仲会、公孙舆如、邦巽、陈亢、琴张、步叔乘、秦非、颜哙、颜何、县亶、牧皮（以上为孔门弟子），乐正克、万章（以上为孟子弟子），周敦颐、程颢、邵雍（三人为宋儒）；设有先儒公羊高、伏胜、毛亨、孔安国、后苍、郑康成、范宁、陆贽、范仲淹、欧阳修、司马光、谢良佐、罗从彦、李纲、张栻、陆九渊、陈淳、真德秀、何基、文天祥、赵复、金履祥、陈澔、方孝孺、薛瑄、胡居仁、罗钦顺、吕楠、刘宗周、孙奇逢、陆陇其。西庑设先贤、先儒70人的木主，先贤有蘧瑗、澹台灭明、宓不齐、公冶长、公晳哀、高柴、樊须、商泽、巫马施、颜辛、曹恤、公孙龙、秦商、颜高、壤驷赤、石作蜀、公夏首、后处、奚容葴、颜祖、句井疆、秦祖、县成、公祖句兹、燕伋、乐欬、狄黑、孔忠、公西葴、颜之仆、施之常、申枨、左丘明、秦冉、公明仪（以上除左丘明外，俱为孔门弟子），公都子、公孙丑（为孟子门人），张载、程颐（为宋儒）；先儒设谷梁赤、高堂生、董仲舒、毛苌、杜子春、诸葛亮、王通、韩愈、胡瑗、韩琦、杨时、尹焞、胡安国、李侗、吕祖谦、袁燮、黄幹、蔡沈、魏了翁、王柏、陆秀夫、许衡、吴澄、许谦、曹端、陈献章、蔡清、王守仁、吕坤、黄道周、汤斌（唐宋以来诸儒），如皋籍的胡瑗在其列。两庑中先贤的木主与大成殿内"十二哲"的相同；先儒的木主高一尺三寸四分、阔二寸三分、厚四分，座高二寸三分、阔四寸、厚二寸，也是赤底金书，尺寸次于先贤。通州文庙的东西两庑始建于明正统九年（1444），弘治三年（1490）、康熙九年（1670）、道光三年（1823）都有修缮。《光绪志》载：两庑丁祭，两位同一祭案，每案祭品有黍、稷、形盐、枣、栗、鹿脯、菁葅、鹿醢、芹葅、兔醢，两庑统设二案，供帛、酒、羊、豕（羊和豕各三头,即东庑各两头,西庑各一头)。丁祭行"迎神"仪时分献官到两庑上香;行"初献"仪时,分献官至两庑奠帛献酒;"亚献"和"终献"时一如初献,行礼如仪。

  文庙里不可缺少崇圣祠,而且崇圣祠往往在学宫中轴线上,北与大成殿相望。通州的崇圣祠却在学宫的东北隅,从《光绪志》中的《通州学宫图》来看,它自成院落,有殿三间。崇圣祠初名"启圣祠",明嘉靖十一年(1532),知州董汉儒奉例建,追祀孔子之父叔梁纥。清雍正元年(1727),朝廷追封孔子前五代,正位合祀五世祖肇圣王木金父、高祖裕圣王祁父、曾祖诒圣王防叔、祖父昌圣王伯夏和父启圣王叔梁纥,并以颜回、曾子、孔伋(子思)、孟轲之父享配位祀,另以宋周敦颐、二程(程颐、程颢)、朱熹、蔡沈之父五人从祀。启圣祠后易名为崇圣祠,雍正二年(1728)通州知州白映棠也奉例更建了崇圣祠,乾隆、嘉庆年间曾有两次修缮。

  每次在正殿大成殿丁祭礼结束后,各承祭官要到崇圣祠行礼,崇圣祠丁祭祭器比正殿仅不用登,其他祭器约有380件。崇圣祠祭品正位五案,每案同正殿配位的祭品;崇圣祠配位的祭品仅比正殿的哲位少和羹;崇圣祠从位设三案,祭品又稍简于同殿的配位。崇圣祠丁祭不用乐舞,上香、迎神、奠帛、献爵、读祝、徹馔、送神、视燎等祭仪依次进行如祭孔子仪。

  文庙内按朝廷的规定,要奉例建名宦祠、乡贤祠和忠义孝悌祠。通州的名宦祠和乡贤祠为文庙戟门的东西紧邻,名宦祠位于东,乡贤祠位于西,俱由知州蒋孔旸奉例建于明正德十二年(1517)。通州的忠义孝悌祠在文庙西侧,清雍正四年(1726),知州白映棠建。

  名宦祠祭祀管辖本地的贤良官员,入祠须经地方公议,报礼部核准。《光绪志》载,通州与属县"通祀"的有清马国柱、马鸣珮、麻勒吉、丁成龙、董讷、傅腊塔、范承勋、阿山八位两江总督,郎廷极、施世纶两位漕运总督,河道总督陈鹏年,浙闽总督节制江南李卫,宋荦、张伯行、徐士林、陈大受四位江苏巡抚,两淮盐运使周亮工、李来泰、简上、邵嘉、许汝霖、邵嗣尧、张榕端、张泰交、张元臣、余正健九位江南学政,胡高望、周系英两位江苏学政,共二十八人。通州"专祀"的有宋前通州知州吴遵路、王素、赵概,通判任建中、徐勋;明前通州知州夏邦谟、郑舜臣、王之城、张星,共九人。这些入祀者多数对通州有建树,有的还曾任高于知州的职务,但个别的人也被后人诟病,明末邵潜在所撰的《州乘贤》中称张星"性巧媚","吾通皂隶擅作威福自星始"。祭祀这些名宦既有怀恩报德之意,又有"以风后学"之效。

  乡贤祠祭祀的多数为本州籍在外任职有建树者,他们对家乡常常也有贡献,历代《通州志》都有传记其事迹,他们入祀要经地方公议,报礼部核准。"享祀"的有宋户部员外郎吴及、侍讲崔敦诗,明户部郎中顾雄、顺天府推官周臣、巡抚湖广凌相、太常寺少卿姚继岩、文林郎黄应玄、金华府知府顾奎、布政司右参议钱嶸、刑部左侍郎陈尧、右都御史顾养谦,清太原县知县孙闳达、南陵县知县刘邦鼎、工部尚书王广荫、兵部右侍郎孙铭恩共15人,祭祀他们也是"以风后学",事实上,他们中的大多数人品质也相当优秀,确实有值得后人师法的地方。

  忠义孝悌祠祭祀本州的忠臣、义士、孝子、悌弟(敬爱兄长,谓之"悌"),共157人,人员既多,身份也很复杂,有相当多人的事迹已失载。其中有文职官员,职务最高的是明户部尚书马坤,较高的有侍郎、御史、郎中、参议等,地方官员有知府、知县、县丞、通判、主簿、学正、训导、教谕;有武职官员千户、百户、参将、游击、外委、守备等。武职官员入祀的多于文职官员,可能是死于国事的要多。受祭的也有好多是没有官职的贡生和生员,有的还只有平民身份,如在明末抗倭中殉国的曹顶、朱寅、何忠、顾业经，名医陈实功，石工出身的孝子夏旸，等等。

《光绪志》载，通州文庙丁祭时，名宦祠、乡贤祠和忠义孝悌祠也行丁祭礼，同时，在文庙两庑祭先贤、先儒仪。

通州文庙丁祭，民国以后继续进行，至民国18年（1929）始废。民国28年（1939），日本侵略者占领南通城后恢复丁祭，伪县知事主祭，这之后通州文庙没有再举行丁祭礼。对于这次丁祭，后世做否定评价很多，认为这是伪县署在为日本侵华的奴化教育服务。通州学官中，文庙里的建筑物至20世纪末仍保留了大部分，存大成殿、东西两庑、泮池、戟门、名宦祠和乡贤祠等建筑。通州文庙历朝所用的部分祭器为南通博物苑收藏。

后周显德五年（958），建通州的同时设静海、海门两属县。静海县未建庙学，海门县有庙学，但宋代未存记载。元至正十二年（1352），教谕刘璿在礼安新县治建明伦堂，并侨祀孔子（"侨祀"意为未有专祀孔子的文庙）。次年，通州判官窦桂荣、教谕钱允敏建大成殿和两庑，哒噜噶齐也先不花、县尹张士良建棂星门，而后不仅有了儒学，而且也建了文庙，庙学合一的学宫粗具规模。至正二十三年（1363），知县季世衡又"鸠工庀材建文庙及明伦堂，修祭器，甃甓丹雘，焕然一新，且树棂星门，以石凿泮池而桥焉"（行中书都事张天永所撰之《记》）。海门文庙和县学"元末毁于兵"，而后明代相继修建七次，但江海侵蚀，县境不断坍没，县治不得不迁移至通州境内的余中场（今四甲一带），原县庙学亦废去。正德十三年（1518），通州知州蒋孔旸、知县裴绍宗在新县治重建学宫，文庙部分建大成殿、启圣殿和两庑，后又相继建戟门、神厨、祭器库和名宦祠、乡贤祠。嘉靖二十四年（1545），海门县治又迁通州金沙场（瞿灶、进鲜港一带），随后权知县刘文荣又再建庙学，成文庙中的大成殿和两庑。二十六年（1547），知县刘烛又建启圣祠、神厨、名宦祠和乡贤祠。清顺治八年（1651），知县姚应选将泮池迁于棂星门南，是海门县学宫的最后一次工程。康熙十一年（1672），朝廷裁废海门县，改县为乡，不再设学宫，便也无文庙了。

海门县文庙附设的名宦祠的受祭者，除和通州一样通祀的马国柱等28人外，还有宋知县沈起，明知县裴绍宗、教谕王昺三人。乡贤祠受祭者有义上李润甫、彬州同知崔润、礼部左侍郎崔桐三人。《光绪志》载有海门县忠义孝悌祠受祭者27人名单，但海门县未有建忠义孝悌祠的记载；且雍正帝下令全国兴建忠义孝悌祠时，海门县已改为乡了。

如皋县设儒学于南唐保大十年（952），为南通境内之最先，至宋大中祥符八年（1015），才有建大成殿成学宫的记载。南宋绍兴初（约1140），县学从县治东北迁至县治西南，而后有五次修缮的记载，但未记及文庙修缮。至宣德八年（1433），《光绪志》才记有"典史蔡宁修大成殿"，而后关于文庙建筑修缮的记载有五次。嘉靖四年（1525），知县黎尧勋在原庙学东新建了如皋县庙学合一的学宫，其中文庙部分有大成殿、两庑、戟门、棂星门、泮池，在县儒学前，成前庙后学的布局。万历四年（1576），增筑宫墙，三十年（1602）迁泮池于棂星门南，并建文德、武德两桥。新学宫文庙还有启圣祠（后改为崇圣祠）、名宦祠、乡贤祠和忠义孝悌祠及东西两坊，它们的始建年代不详。如皋县学宫至清末如师附小在内办学才有变化，大成殿等建筑保留至民国时期。文庙的丁祭至民国十六年（1927）北伐军到来后一度停止，唯日军侵占如皋后的民国28年（1939），伪县署又举行过一次。

如皋县文庙名宦祠、乡贤祠和忠义孝悌祠附祀的有关本县的，据《光绪志》载，名宦祠除通州"通祀"的外，还有任如皋知县的，宋有胡令仪、曾显占，明有胡昂、徐相、黎尧勋、仇炅共六人；如皋县乡贤祠受祭者宋有太常博士胡瑗、龙图阁学士王觌、孝子丁元锡，元有平江路总管陈应雷，明有刘瑗、冒政、马继祖、冒鸾、何瑭、孙应鳌、苏愚、冒梦龄、李上林、李伯龙，清有范永、范育，共16人；如皋县忠义孝悌祠受祭者共有101人，姓名于《光绪志·秩祀》有载。

海门直隶厅设于清乾隆三十三年（1768）。四十一年（1776），同知徐文灿先建了海门厅学宫，文庙部分中有大成殿三楹，殿前有东西两庑，两庑前为戟门，戟门前为泮池和泮桥，又前有棂星三门，门外左右为下马碑，东西为龙翔坊、凤翥坊，南为泮宫坊；大成殿后为崇圣祠，正殿三楹。另设名宦祠、乡贤祠和忠义孝悌祠。

海门县、如皋县和海门厅的文庙俱依朝廷颁行的规制举行祭祀，主祀、配享、配祀、从祀的受祭者与通州文庙相同，仅附祀的受祭者与本地有所关联。这些文庙的祭仪，包括祭器、祭品和参祭人员等，和通州文庙的祭仪稍有简略而已。

历代朝廷投入大量的财力，统一规制，在全国各地兴筑

通州学宫前（东）的牌楼，龙翔坊之西为繁闹的"儒学前"

当地最高等级的学宫，其中文庙又处在学宫最尊的位置，或前或左，究竟何求，初看是纪念孔子等的祭祀场所，其实是帝王独尊儒学，以之治国驭民，实施其尊儒、崇儒的教育功能。

文庙所祀为孔子、"四配"和"十二哲"、先儒和先贤、名宦和乡贤等，他们或是创设了儒学，或是阐释演绎出应时的儒家学说，或是践行儒家种种行为准则，奉祀他们实为实施儒学教育提供学习的榜样，进而推动儒学教育，即"庙以崇先圣"，"孔子以道设教，天下祀之，非祀其人，祀其教也，祀其道也"。

设文庙，举行隆重的祭祀活动，本身就是将儒家学说一一展开，形象地显示出来。譬如，儒家所主张的"天人合一"，是举行祭祀的哲学依据；祭仪的全过程是儒家崇尚的"制礼作乐"；受祀者有等级之分，他们都是儒家主张的永恒不变的伦常关系和道德规范的实行者……参加文庙的祭祀活动便是接受一次儒家学说的教育，因形象化而容易被学者接受。

文庙的教育功能，由于融入了艺术的、宗教的元素，因此增强了艺术的感染力和宗教的崇拜作用。文庙祭祀活动在壮观的建筑群里举行，祭仪上有戏剧中的表演成分，再加上音乐和舞蹈伴随祭仪的全过程，艺术对参祭者造成直觉上冲击，达到心灵的兴奋，油然而生师法之心。而文庙祭祀吸收了宗教仪式中常用的方法，营造了神秘而肃穆的氛围，使参祀者肃然而生敬畏之心，对先圣等受祀者由崇敬升华为对神圣的膜拜，强化其震慑力量。

一方面，文庙确在千年以来发挥了它的教育功能，达到了朝廷普建文庙的目的；但另一方面，儒家学说是中华文化中重要的组成部分，其内容中有许多宝贵乃至千年后仍有借鉴意义的部分，实施儒家教育功能的文庙曾在中华教育史中发挥过不可或缺的作用，这还有待于今人深入研究。

附录

通州儒学重建大成殿记
[元] 直学 袁浩

（前缺损百余字，下文缺字或以□代替）大成殿湫隘将颠，谓监郡古燕卜颜不花公太守古并郭公曰："庠序王政先务，若等职宜勉勤，今若元城宜邑满，居此将何以妥？夫子灵，为四方来游在泮，多士詹卬，独未闻蜀文翁之风。"书千通，命移檄二公□□□不登，学□空乏，主教者难之。越明年壬午孟秋，罗公志父先生来职文席，谒告之始乃喟然叹曰："老佛之徒，犹能炫耀宫室。以严事其师，吾何独不能邪？"于是慨然有改作之志。前戍通万夫长、安远大将军乐间张侯，适投老于通，闻而义之，首捐己资以助。监郡太守作成于上，先生晨夕尽心殚虑，维持于下，裁省既稟，征索逋租，鸠工集材，土木瓴甋山积，亲桷居楔，高广深邃，悉增崇而新之。前加复甍，下瞰丹墀，南直戟门，北俯鳣堂，两庑夹辅左右，举梁于癸未中秋乙巳。又明年甲申秋，覆甓告成。迎先圣暨四国公、十哲像，设位安奉，而郡僚各以公出。先生摄州事，八月丁巳朔，舍菜预行初献礼。是年大比复开，故宋贡院古碑继出于城南东岳祠槁壤间。前直学季世衡初试河南，名登备榜首冠，识者以为文明之应。乙巳孟夏壬申僝工，为费如千万缗，秋七月丁酉，般阳张公士美先生奉命代公帅，二三子得请于群僚，谓身亲盛事，盖识其颠末。又贡院碑已归于我，求文以铭其背，愚愧非大手笔，固辞不获。矧吾夫子以天纵之圣，生春秋之世，不得位以行政教，独取尧舜禹汤文武周公所以为治之道，著在方策，使后世有考焉。宰我谓其功贤于尧舜，岂虚语哉！惟我国家加号大成，祀以素王，其报本之厚，视前代为何如？向使圣人得君师于当时，则所谓贤于尧舜之事功，居

王宫，飨大祭，未必至此。斯役也。宪副梁公之发端，监郡太守之承命，不过提挈大纲，微公则终作道旁之室，梁木就坏，而士将安仰？故愚以为公力居多，宜乎文明之兆，屡应于一时也，于桧乎书。公名汝成，号桧厓，古舒望江人，为世通儒，其德与学于此不得而详焉。

铭曰：

于铄元圣	天纵生知	道隆德尊	宜居名师
云胡不居	天其有谓	俾明斯道	以觉来世
三纲几沦	九法将斁	惟吾夫子	中流砥柱
圣道湮微	世俗媮薄	惟吾夫子	四方木铎
夫子之道	天地合德	夫子之教	川流不息
川流惟何	不舍昼夜	天地惟何	充塞上下
仰高钻坚	未易名言	无往不复	有开必先
惟我广文	世出舒州	怀粹抱珍	教分东洲
构此王宫	集厥大成	作我多士	育我诸生
大比天开	贡碑斯出	否极泰来	有如今日
士子不忘	爱镂斯石	周示将来	俾颂公德

至正五年七月　日

直学 邵尧嗣 司吏 陈景贤、姚汝明 前直学 邱士元、林贵迁 督工 耆儒 薛弘道、马元亨、姚光祖、姚显祖、李士俊□□□□ 诸生 姚起、赵嗣荣、戴履亨、李应辰、李唐卿、胡坦之、李士达、花应时、姚汝贤 静海县学教谕 李时敏 □□□□□□□ 名耆儒 陆士明、庄岳、王如、戴天助、陈应炎、钱汝弼、袁浚、戴宗荣、陆可大、刘克宽 训导 王铨 □□□□□□□ 通州司吏 李端、冯荣、薛权、胡济、孙天麒、汤思义、朱宝、孙荣、何信。

扬州路通州静海县典史 陈岩。

（袁浩撰《通州儒学重建大成殿记》立石碑于通州文庙中，今存文庙右侧原乡贤祠北墙里，但此《记》从未录入历代各通州地方志中，《光绪志》云："袁浩有记，不传。"所幸民国年间乡贤费范九先生编成《南通县金石志》，收录了此碑的拓片，其拓片之字迹微如粒米之半，且笔画多处残缺，甚至不可辨认，今虽努力抄录其文，并从《缪荃子小全集·金石3江苏金石记（下）》补校，但错漏处难免，仅供有需此抄件者参考。——抄录者附识）

如皋县新修大成殿记

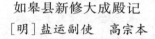

成化戊戌之秋，署如皋儒学余杭陆先生以书告余，如皋旧学草创于立县之初，在县治东北。宋大中祥符八年太常承曾易占知县事，始建大成殿教堂。绍兴初复移治于县治之西南。元末兵毁。国朝洪武庚戌，诏天下郡县皆立学校，知县谢得民乃建明伦堂、东西二斋，为讲肄之所。去后，知县刘国衡、周公鼎相继增修。至正统间，知县曹立而后大备。岁月滋久，震风凌雨，不无颓圮。成化乙未冬，向侯翀撤大成殿而易以巨材，肖圣贤像，笾豆罍爵诸祭器之缺失者皆更造之。棂星门旧以木为之，则易为瓦甓，而保其坚久，戟门卑隘不称，则广拓其址，而致其崇高。又设致斋所于戟门之东，立先贤祠于戟门之西，神厨临巷则移之于神库相丽。学门东向浅迫无规，则改为南向，与棂星门并峙而稍东。号房不足，又盖造十余间于明伦堂之西，以充学者之肄业。路道狭曲则又买民间隙地而辟之。凡此兴作，皆向侯以均徭余积，经营于其始其一，应鸠工庀材之费，随时区画，未尝劳民力伤民财而求其速成也。夫学校为毓材之地，人材为致治之本。国家垂统百余年而雍熙太

和之治,足以比隆唐虞三代者,以明明在上穆穆布列者之得其人也。余既问向侯之重学校,而喜其得为政之先务,又见陆先生之重向侯,而喜其识为治之大体,故为记之如此。

通州名宦乡贤二祠记
[明]州人　陕西布政司参政　邰棠

文庙之制自唐始,迨之有文庙也,在显德以后,故唐无考焉。宋时修建之屡矣,迨元至正壬午岁重修,今兹百七十有七年,交代而守者但支倾补隙,因陋就简而已。以是倾侧日甚,正德甲戌蒋侯以进士来守是州,首谒文庙,顾瞻兴叹,于时适狼山平倭之后,财无宿储,民无余力,遂节省冗费,培养民力,积集美余。越三年丁丑方有事于重建,又以通州名宦乡贤当举祀事,以风后学。肇建二祠翼于戟门之东西,凡蠹材腐甓悉屏不用,栋梁棳桷尽易杉楠。戊寅孟夏厥工告成,规模恢廓,士民忻美。以为侯心量之,宏志力之坚,乃臻此盛。学正何君述多士之意,采言于棠,且拟诸鲁僖之作泮宫,请为之记。棠曰,贤矣哉,侯之用心也难矣哉。侯之用心也,鲁僖乃当时列国之君,得以自遂,侯司牧一方,制于监临,私于己者固不能为,而公于己者或不获于上,因循废驰之久,固其所也。侯名实徹乎上下,上敬信之斯得用财于官,而不取诸民。下悦服之,斯得用力于民而不至其怨,比又难于鲁侯者。噫,学校乃风化之本,原考课之法以学校为首务。此庙之新,上以体国家建置之仁,下以尽宣化承流之职,其为心岂在于观美耶,盖欲使游观于是者扩智破愚,趋义舍利,文章道德与庙俱新,新诸巳而新,诸人以圣贤之学之行自期待,否则缀缉程式之文,眯眩主司之目以拾科名,以邀宠利,非侯之有望于士,亦非士之所以自望也。侯,闽之人,名孔旸,君和其字也。

修正乐器乐舞记

［明］海陵·御史　张承仁

嘉靖丁酉春三月，秋官郎舒君菡通州政，秋八月河中范君琀来为守。二君协心咨政，饬教崇文，慨大乐未备，文庙缺典。戊戌朝京师，舒君主春丁祀事，始命制乐。销淫祠佛金以铸编钟，磬得浮石者费百金，纨丝以为琴瑟，截竹为箫为笛为篪，解匏为笙，抟土为埙，从革者曰应鼓曰抟拊鼓，从木者曰柷曰敔，八音备矣。为竹籥为翟二者持以舞也。击而鸣者，择老氏之徒，歌而舞者，选良家子弟。延泰州儒生王纮董其事，而以散官保瓘佐之。置田若干亩，收其租以给工食，以备修治经费，则公家之羡余，慕义而乐从者听。春二月经始，四月三日告成，君率郡博生徒乡士大夫习之，又纵民观之。美哉，洋洋乎其邦之典乎。吾道之升降，天下之理乱关焉。夫乐者乐也，发天地致和之气也，旺声不扬，匪象不彰，器以和声，舞以显象，所以奏功而昭德也。古今之乐，惟韶备矣。当时舞功奏格夔乐告成，萧韶九成，凤凰来仪，孔子德不愧舜，生非其时，虽欲制器尚象鼓元气以和天下不可得也。是故韶舞为邦，无征不信。在齐遗音有感则通。盖道不能以违时，圣人不能以违道，此古今天下大势也。我国家以孔子之道治天下百七十余年，深仁厚泽恭俭温良之德也。神功圣化绥来动和之休也，声以定之，舞以象之，作于孔氏之庭者升诸郊庙之上者也，习于孔氏之徒者播间阎之下者也。孔子不能使帝舜之乐作于当时，我国家能使孔子之道行于万世，治化与德化相孚，天时与人事相应，凡在鼓舞甄陶之中者，孰不欲睹大成之乐，而况学孔氏者乎。洪武初年颁乐不及州县，今之州县浸濡于德化治化者深矣，振之则易举，驱之则易从，不知崇尚孔氏者皆若是其能否也，于此有几焉。京师南下之势几千万里至扬州一聚也，朝宗东下经海陵，过雉皋，东入于海，至通州又一聚也，逆之使西激之使上，此气化德化之几，执此以转移天下，君之所系亦重矣。夫不失其几谓之智，执而行之谓之仁，行而有成谓之勇，三者之德，人皆有之，翕然而相应，充然而四达，礼乐其可兴乎。君之功于是为大矣。告成之日，范君归自京师，曰，是不负我初心之协也。郡博孙君谋诸生徒刻石以传，命张子名元者请记，予方欲就建功立业之君子以观积德百年之礼乐。然于舒君不能不厚望焉，君名缨，字振伯，举乙未科进士，浙之四明人。

如皋大成殿甓台墀记
[清]学政　王以衔

夫事之创始者，众人之所属目也。虽岁远时迁，后之人犹将考其姓字而称道之。余恭膺简命，典试江南，按临通郡，道出如皋。考邑乘：皋学建自南唐，至明嘉靖十九年移建县治之东南隅，规模阔大，视旧制不侔矣。大成殿前为月台，为甬道，为左右丹墀，旧系砖铺，第砖质易损，不能持久。嘉靖迄今二百四十年间，不知几经修葺矣。如邑为胡安定先生故里，邑之士大夫尊儒尚义至今不衰。丰利场徐君，笃信君子也，与学博汪君元琚为姻戚，每相过从，瞻殿前砖多残缺，惕然不安。请于邑令陈君玉成，愿捐资易之以石，期在历久不敝。陈君亟称美之。爰鸠工庀材，不远千里，购石于宜兴之张渚山，计用巨石板一千余片，于嘉庆二十一年闰六月开工，学博江君为之助勷董其事，三阅月而告成，是役也，可谓勤矣！从此多士之趋跄圣庙者履殿前坦荡之磐石，讵不为升堂入室之基也哉？徐君之祖名德健，父名承浩，本生父名旭，罔弗为德于乡。君名宗永，字詠堂，山西盐课大使，以子贵，诰封朝议大夫。其子朗，官浙江运副，诚悫有父风，工诗。余采诸舆论，知徐君居恒乐于为善，岁饥则捐金以资赈济，时旱则掘井以畅泉源，施棉衣以御冬寒，割腴田以为义地，其于周急弥患恤孤矜寡之事殆难缕数。今此举尤为独任其大，壮观瞻而期悠久，固无意于求名，而名不朽矣！工竣勒石，学博汪君请叙于余。余嘉徐君之志而乐观厥成也，故濡墨而书其事。

第六章 学宫,庙学合体之儒学

宋乾兴元年（1022），通州知州王随将太平兴国五年（980）知州曾环始建的通州儒学从城东一里处迁至州治东，同时将曾环建于城中西南的先圣庙和新州学合并于一处，首成通州学庙合体的学宫，当时儒学成"讲诵之宇"。南宋绍兴初，学宫毁于兵火，二年（1132）知州康渊建斋舍于州治西，二十一年（1151）

宋咸淳三年（1267），淮南置司参议王应凤撰州人共部尚书印应雷篆额《通州重修学记》拓片

权知州方云翼又移建州儒学于州治东旧址。以后州儒学又被兵火所毁,南宋咸淳八年(1272),州人兵部尚书印应雷第三次重建通州学宫后,未再有重建儒学的记载。元至正二年(1342),通州庙学中文庙主要建筑大成殿重建,直学袁浩有《通州儒学重建大成殿记》,称其殿新成,"迎先圣暨四国公、十哲像,设位安奉",而未有涉及此次儒学修建的记述。只是明以后历代都有增建修缮,至光绪元年(1875)刊印的《通州志·州学宫图》所载,通州儒学建筑物最完整的布局:在通州学宫文庙大门棂星门的东面,建有儒学的"学门",学门上设"魁亭",进学门北行,又设门(位于名宦祠东邻),门内有三四十步的"义路",抵上谕碑亭,亭前,义路西折过"礼门"而入中,便到了文庙大成殿后,于文庙的中轴线北延处。通州儒学的建筑由南而北有明伦堂、敬一亭、尊经阁。尊经阁西邻射圃(通州儒学学官署又在射圃西),尊经阁东邻文庙的崇圣祠,明伦堂的两侧还设斋舍。

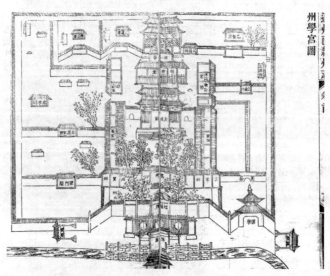

清光绪《通州直隶州志》载州学宫图

明伦堂是儒学的主体建筑,是施教和活动的主要场处。"明伦"二字出自《孟子·滕文公上》,"学则三代共之,皆所以明人伦也"。

通州儒学明伦堂自南宋咸淳八年(1272)儒学重建后,明正统九年(1444)知州刘复、州人陈敏、陈瑄修明伦堂,成化十六年(1480)知州郭定重建明伦堂,二十年(1484)知州郑重、嘉靖二年(1523)知州张承恩两次修缮明伦堂。清雍正五年(1727)知州李世裔、乾隆十七年(1752)知州王继祖、嘉庆十一年(1806)知州冯馨、咸丰三年(1853)知州金咸先后四次修缮明伦堂。明清之际还有多次修缮学宫的记载,明伦堂为学宫的组成部分,也可能同时被修缮。清光绪朝时,通州儒学明伦堂为三开间,关于其结构未留详细记载,却留下一永远的遗憾:此明伦堂20世纪50年代后改为小剧场,以后又被拆毁,在原址另建一剧场。1963年著名古建筑学家陈从周教授来南通鉴定古建筑,称明伦堂是"好东西","基础是宋代,骨架大而好"。1979年,陈教授又来南通,见明伦堂已拆,气愤地问:"非常可惜,谁叫拆的?"但已无可挽回,他认为,通州儒学明伦堂是学宫内最好的建筑物。

清代儒学有教官每月朔望授月课的定例。是时,集生员于明伦堂,授四书文,试策论。次日,还要授律例、御制"卧碑文"和《训饬士子文》。但学官人数少,生员却以数百计,不能全部顾及,开课诸事便渐有名无实,少数廪膳生员或能受益。儒学另设季考,考核生员。此外,学正按试至州的次日要行"谒庙"礼,谒庙后,要到明伦堂向诸生读圣谕及"卧碑文"、《训饬士子文》。

"卧碑文"和《训饬士子文》都镌刻在石碑上,立于明伦堂前两侧。"卧碑文"为清顺治帝御制,其碑立于左。清顺治九年(1652),朝廷命礼部设于天下学宫,其文开章便言明朝廷建立学校,选取生员并给予种种优惠,是"全要养成贤才,以供朝廷之用",因而"诸生皆当上报国恩,下立人品"。要求生员遵守八条规则:首要孝父母,当学为忠臣清官,利国爱民;次要加强道德修养——居心需忠厚正直,不可结交势要,需爱身忍性,需尊敬先生。"卧碑文"特别强调生员不得直接参加诉讼,不许上书陈言,不许纠党结盟,干预官府乡里,也不许妄行刊刻文章。《训饬士子文》为康熙帝于四十一年(1702)颁发全国学宫,碑立于右,其文与"卧碑文"一样,述朝廷的恩典,再申生员当遵守的种种约束。

康熙帝在御制《训饬士子文》的一开头,便如顺治帝在"卧碑文"中一样,强调国家建立学校的目的,"国家建立学校原以兴行教化,作育人才,典至渥也"。于是"兹特亲制训言,再加警饬,尔诸生其敬听之:从来学者先立品行,次及文学、学术、事功,原委有叙。尔诸生幼闻庭训,长列宫墙,朝夕诵读,宁无讲究?必也躬修实践,砥砺廉隅。敦孝顺以事亲,秉忠贞以立志。穷经考业,勿杂荒诞之谈;取友亲师,悉化骄盈之气。文章归于醇雅,毋事浮华;轨度式于规绳,最防荡轶。子衿佻达,自昔所讥。苟行止有亏,虽读书何益?若夫宅心弗淑,行已多愆;或蜚语流言,胁制官长;或隐粮包讼,出入公门;或唆拨奸滑,欺孤凌弱;或招呼朋类,结社要盟。乃如之人,名教不容,乡党弗齿。纵倖逃脱禠扑,滥窃章缝,返之于衷,岂无愧乎?况夫乡、会科名,乃抡才大典,关系尤巨。士子果有真才实学,何患困不逢年?顾乃标榜虚名,暗通声气,贪缘诡遇,罔顾身家,又或改窜乡贯,希图进取,嚚凌腾沸,网利营私,种种弊端,深可痛恨。且夫士子出身之始,尤贵以正。若兹厥初拜献,便已作奸犯科,则异时败检逾闲,何所不至。又安望其秉公持正,为国家宣猷树绩,赝后先疏附之选哉?"康熙最后指出,"故不禁反复惓惓,颁兹训言,尔等务共体朕心","国家三年登造,束帛弓旌,不特尔身有荣,即尔祖父亦增光宠矣"。如果"既负栽培,复干咎戾",则"王章具在,朕亦不能为尔等宽矣"。"卧碑文"和《训饬士子文》是儒学施教中最有权威的、最具体实在的道德教材。

每年的正月望日和十月朔日都要在明伦堂举行一次"乡饮酒礼"。乡饮酒礼由州行政长官任主宾,宴请宾客,其中,退休有德的官员为大宾,座次在西北位;年高有德者为僎宾,座次在东北位;年稍长而有德者为

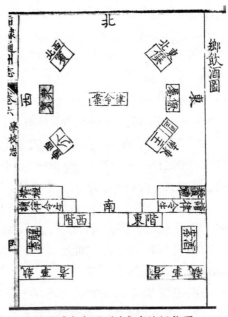

乾隆《直隶通州志》乡饮酒礼图

介宾,座次在西南位;主宾座次在东南位;另在东西两侧设众宾席和僚属席。大、僎、介宾由教官考察、推荐,州、省两级核准后方许参加。乡饮酒礼由州学官任司正主持,座次在主宾席东北一侧。另设执事官和引赞、读律、司钟、司鼓的执事人员,各种物品、陈设都有明确的规定。行礼中,从迎宾、升堂、入席、落座到读律、宴饮、礼毕、送客都有十分详细的程序规定。乡饮酒礼全程庄严、隆重,体现朝廷推崇敬老尊贤之意,是儒家文化的又一形象化的展示。受邀成为乡饮酒礼宾客很是荣耀,光绪《通州志·仪典志·引年》载有历年举行乡饮酒礼宾客的名单:明宣德中(约1430),如皋县有许徵、刘允昌;成化中(约1475),有刘昂;弘治中(约1496),通州有钱锦、孙珉、孙瑃;正德中(约1515),有杨瑾、顾能;嘉靖中(约1545),通州有钱峰、钱相、凌昕、白荣、白华,海门县

85

有李珂，如皋有严正；万历中（约1585），通州有陈大益、袁九功、宋应奎、顾轸、李诰、王文焕、钱允祉，海门有彭大翼，如皋县有严期大、吴尚友；天启中（约1623），通州有卢纯学、宋文光，海门县有丁文垣；崇祯中（约1635），通州有马洛书、黄启明、孙鲁，海门县有王松龄、李传芳、李传春等。清朝顺治中（约1652），通州有徐大绅、孙鸣鸾、张嘉善、宋德升、王儆维，海门县有易有学、崔养伟、成主中、成宪中，如皋县有范可裕、沈之爵；康熙朝（约1690），通州有保为已、保珽、冯嵩龄、冯秉宪、冯德明、康训、孙枝桢、杨兆祥，海门县有姚明善、刘嗣季、蒋成桢、谢景襄、戴循、陆尔超、张朝铨、王承麒、焦瑞芝、张纶徽、封式序、张凤翮、陆彭龄，如皋县有吴世标、许其晋、许鸣陛、刘大宾、姜圣初、苏廷珍；乾隆中（约1765），通州有刘士宏等。

明伦堂里举行的还有"送学·督学"仪式。每期岁科两试，学正将录取的新入学的文武生员名单送到州后，知州便择日知会各录取者到州衙大堂簪花挂红，行礼，再由知州率领、鼓乐引路至文庙行谒庙礼。礼毕，再到明伦堂，在香案前望阙谢恩后，知州与学官互拜，新入学生员见学官四拜，学官受两拜，答揖两拜。此是官府送新生员"入学"，并有责督察学业之意。

明伦堂里最喜庆的要算是行"宾兴礼"了。举行乡试之年的七月为取得参加乡试资格的生员送行，地方行政官员和教官设宴于明伦堂，是日，堂内结彩，奏乐、行礼、开宴，有伶人扮嫦娥折桂花簪于将赴乡试的生员，以示月宫折桂的祝福。明伦堂外预先已搭好彩桥，应试者一一过之，也是留个好兆头。礼毕，鼓乐前导，官员们送参宴者从学门离去。

明伦堂内举行的喜庆活动，文有"重游泮水""重宴鹿鸣""重宴琼林"，武有"重宴鹰扬"。凡院试入学为生员达60年者，为之设宴，称"重游泮水"，据《光绪志》载，重游泮水者，明有徐宗等六人，清光绪朝前有黄启明等56人（详细名单见《光绪志·引年》）；凡中举有60年者，称"重宴鹿鸣"，通州沈岐为嘉庆五年（1800）举人，顾似基于光绪八年（1882）中举，60年后分别为他俩举行"重宴鹿鸣"礼，后者已处在日军占领时期的1942年了；"重宴琼林"为殿试中式达60年者举行，此时受贺者年岁已高，举行亦为罕见，沈岐后来于嘉庆十三年（1808）中进士，60年后通州州学为他举行了重宴琼林礼。武举人中式60年后要举行"重宴鹰扬"礼，乾隆三十六年（1771），中武举的李景曾就受到"重宴鹰扬"的荣耀。鹿鸣、鹰扬、琼林三宴分别是文武乡试中举、殿试中进士后举行的宴会。

明伦堂还是生员议事的场所。光绪二十五年（1899），通州州学的300多名生员受知州的唆使，联名公呈，反对张謇借州学公费廾办大生厂，城门上出现了揭贴，内容是要和张謇在明伦堂评理。

明伦堂还是科举名录的公示厅，三间宽敞大厅的栋梁上挂满了大大小小的匾额，匾额上密密麻麻地排着各种科第

魁亭图

名目的录取名单。

总之，明伦堂是授儒家之书，演儒家之礼，勉励生员的场所，是儒学施教中最主要的地方。

通州学宫明伦堂之北为敬一亭，因亭内立有明嘉靖帝五年（1526）所作的《敬一箴》而得名。嘉靖帝并为宋儒范浚的《心箴》、陈颐的《视》《听》《言》《动》四箴作注；还下令全国儒学要刻六箴为碑，作为生员的座右铭，提倡敬儒，内心纯一。通州知州汪钟于嘉靖七年（1528）奉例建了这座敬一亭，亭内立着刻有六箴的石碑。清康熙九年（1670），知州王廷机曾予重修。

敬一亭北便是尊经阁，是通州学宫庙学合体最北的一座建筑，是儒学的藏书楼，因尊重儒家经典而称"尊经"。通州儒学的尊经阁是明嘉靖七年（1528）知州汪钟始建，嘉靖三十二年（1553）知州游天挺重建。据《万历志》载，明朝通州儒学尊经阁藏有《四书大全》《易经大全》《书经大全》《诗经大全》《春秋大全》《礼记大全》《性理大全》《为善阴骘》《孝顺事实》《五伦书》十部，这些书是由朝廷统一颁发的；另有《纲目》《文献通考》《山堂考索》三部是州学增藏的。清代，通州州学尊经阁除有明代旧藏外，又收藏了《九经集注》《资治通鉴》《通鉴纪事本末》《赋役成规》《朱子语录》《家礼》《小学》《焦氏四书讲录》《唐文粹》等书。清代尊经阁增加藏书最多是朝廷颁布的"御纂诸书"和官府刊刻的书籍，如《上谕》《圣谕广训》《御制诗》《御纂周易折中》《周易述义》等。儒学的尊经阁似于后来学校的图书馆。

通州儒学尊经阁西有射圃。习射是儒家教育科目"六艺"之一，古代学校设生徒习射练武的场所，地方儒学沿袭之，设射圃。通州射圃为明弘治十五年（1502）知州黎臣所辟，清康熙九年（1670）知州王廷机重修。明代规定州、县教官及诸生员需要习射箭,清代沿之。另儒学还在射圃举行射礼。乡射礼开始,主、宾礼让入席,执事生充司正和司射,司正主持仪程,司射安排仪程的进行:定耦——将射者两两配合为一耦(对),纳射器——将弓箭交于射者,诱射——为射者做射箭示范,然后三耦三番比射,司射以旗指示靶心,每番各人轮流射数箭,一番为试射,二番、三番为正式比赛,第三番比赛时还有音乐伴奏,负者喝罚酒,向胜方行拱手礼。主宾也参与比射。比射毕,堂上堂下饮酒相庆,音乐或间或合,尽欢而止。

静海县有儒学之设,但未有修建儒学的记载。

海门县儒学始见记载的是元至正十二年(1352)教谕刘璿在礼安建明伦堂,二十三年(1363),知县季世衡又重建县学宫,其中县儒学有明伦堂、斋舍等建筑。明正德十三年(1518),在新迁县治通州余中场,知州蒋孔旸、知县裴绍宗建学宫,其中儒学部分有明伦堂、敬一亭。嘉靖二十四年(1545),权知县刘文荣又在新迁县治(位于通州金沙场)重建学宫,儒学部分有明伦堂,二十六年(1547)知县刘烛又加建了敬一亭。以后又多次修缮,但海浸仍然严重,海门县儒学终在清康熙十一年(1672)被裁撤。

如皋县儒学始建于南唐保大十年(952),但关于儒学具体设施的记载最早在明洪武四年(1371)。那年知县谢德民建明伦堂和东西二斋,当时如皋学宫在县治西南。成化五年(1469),知县王伦又重建明伦堂。嘉靖十九年(1540),知县黎尧勋在原学宫东新建学宫,其中儒学部分有明伦堂、斋舍、号房、射圃,位置在文庙之后。四十五年(1566)明伦堂被修缮,四十八年(1569)知州李衷纯、教谕蒋绍烽建尊经阁。明代还有如皋学宫多次修缮的记载,清代也如此,学宫内的儒学修缮也会在其中。康熙十三年(1674),县人吴伯远等复建射圃。嘉庆十五年(1536),知县左元镇修尊经阁,二十二年（1543）县人汪为霖修明伦堂。

海门厅儒学由同知徐文灿于乾隆四十一年（1776）建学宫，学宫中儒学部分有明伦堂三楹，两厢为经文治事斋；有尊经阁，藏御颁书籍，另设射圃。明伦堂东出为礼门，南为义路，再南有奎垣阁。

海门县儒学、如皋县儒学和海门厅儒学都是按朝廷的规制设定，其明伦堂等设施大体与通州儒学相同，其教育功能也与通州儒学一样。光绪二十七年（1901）以后，朝廷渐以新学代替儒学，这些儒学也就消失了。

南通境内，各地修建儒学后留下了许多碑记。据碑记记载，多次修建的经费来自当地知州、知县和教官捐俸，并发动本地士绅捐款。儒学的日常经费主要来自学田的田租和存款的息金。

通州儒学学田最早见于记载的是南宋淳熙七年（1180），知州杨布"廊堂庑"时增赡学粮。绍熙中（约1194）教授鲍义叔增置学田，元至元中（约1338）教授褚孝锡又增置学田，后海门县学田并入，共有313.92亩；民国初年，通州儒学还留下学田443.74亩，年租钱有329.15元（银圆），其产业在中华民国建立后改充南通县教育费。海门县原有学田80.80亩，县儒学裁撤后，其学田归入通州儒学学田内。如皋县儒学学田，从明天顺八年（1464）教谕用鼎置田181.61亩始，嘉靖三十九年（1560）知县童蒙吉又置田273.97亩，清康熙三年（1664）又开垦田129亩，共有学田584.58亩。此外，通州儒学还设"乡会费"，乡会费用来资助通州生员参加乡试、会试旅途的用费，由本州士绅捐资设产。通州乡会费的公产有田337.5亩，年租金有333.41元（银圆），还有存款23 420元（银圆）。静海乡（原海门县裁撤为海门乡，后改称静海乡）有乡会费公产1 600元（银圆）。这两地的乡会费在民国后都拨归南通县的教育用费。

附录

通州庙学记

[宋]端明殿学士通州知州　王随

礼乐兴行，化成文物，圣人之为教不其大矣乎。上自朝廷之始，下暨郡县之教，用之则庶绩凝，弛之则五常紊。惟夫子宪章祖述，垂万代法，经纬制度，百工师表，文炳于三宸，道包乎众圣，比尧舜以居上，同天地而不朽。我国家开帝运，一海内，千岁接统，四业继圣。莫不访延才雅，崇尚经术，内建图书之府，外辟龙凤之署。与四门之教，齿胄骈臻，舞两阶之羽，戎夷怀来。三代同风，万邦咸乂。景仰先圣，亲飨阙里，乃加谥曰"至圣文宣王"，复诏属县，俾严庙貌，褒崇之典，莫斯为盛。崇川居淮甸之左，临海沂之右，江山控于吴越，风俗邻乎洙泗。鱼盐之利，商贾多集；弦诵之学，章甫亦众。先是，立孔子之像于城中之西南隅，巷有杂居，地外胜壤，墙垣圮坏旁通汗莱。正位低狭，不庇风雨。因察寀之议，获坦夷之地，惟新是图。拣日协吉，于是鸠材计工，兼用兵役。乃命静海县令梁惟宁以主之，军校卫以董之。峻以重门，环以仞墙，殿宇峨峨，轩庑翼翼。前设斋宿之次，后立讲诵之宇。而又茂才、硕望与诸秀士，备缗钱给匠，塑先师之容。洎亚圣、曾、闵而下，侍坐左右。山龙藻绣，威仪俨列，簠簋俎豆，明祀成礼。斯可谓名郡焕彩，儒林生辉。耸动士民之瞻，恢大政教之本，宜刻金石，以永岁月云。时天圣元年十一月二十八日记。

敬一箴（并序）
[明]嘉靖帝　朱厚熜

夫敬者，存其心而不忽之谓也。元后敬则不失天下，诸侯敬则不失其国，卿大夫敬则不失其家，士庶人敬则不失其身。禹曰，后克艰厥后，臣克艰厥臣。《五子之歌》有云，予临兆民，如朽索之驭六马。为人上者，奈何不敬。其推广敬之一言，可谓明矣。一者，纯乎理而无杂之谓也。伊尹曰，德惟一，动罔不吉。德二三，动罔不凶。其推广一之一言，可谓明矣。盖位为元后，受天付托，承天明命，作万方之君，一言一动，一政一令，实理乱安危之所系。若此心忽而不敬，则此德岂能纯而不杂哉？故必兢怀畏慎于郊禋之时，俨神明之鉴察。发政临时民，端庄戒谨，惟恐拂于人情。至于独处之时，思我之咎，何如改之不吝？思我之德，何如勉而不懈？凡诸事至物来究夫至理，惟敬是持，惟一是协。所以尽为天子之职，庶不忝厥祖厥亲，由是九族亲之，黎民怀之，仁泽覃及于四海矣。朕以冲人，缵承丕绪，自谅德惟寡昧，勉而行之。欲尽持敬之功，以驯致乎一德。其先务又在虚心寡欲，驱除邪逸，信任耆德，为之匡辅。敷求善人，布列庶位，斯可行纯王之道，以坐致太平雍熙之至治也。朕因读书而有得焉，乃述此自勖云：

人有此心，万里咸具。体而行之，惟德是据。
敬焉一焉，所当先务。匪一弗纯，匪敬弗聚。
元后奉天，长此万夫。发政施仁，期保鸿图。
敬怠纯驳，应验顿殊。征诸天人，如鼓答桴。
朕荷天眷，为民之主。德咸不类，以为大惧。
惟敬惟一，执之甚固。畏天勤民，不遑宁处。
曰敬惟何，怠荒必除。郊则恭诚，庙严孝趋。
肃于明廷，慎于闲居。省躬察咎，警戒无虞。
曰一维何，纯乎天理。弗参以三，弗贰以二。

行顾其言，终如其始。静虚无欲，日新不已。
圣贤法言，备见诸经。我其究之，择善必精。
左右辅弼，贵于忠贞。我其任之，鉴别必明。
斯之谓一，斯之为敬。君德既修，万邦则正。
天亲民怀，永延厥庆。光前垂后，绵衍蕃盛。
咨尔诸侯，卿与大夫，以至士庶，一遵斯谟。
主敬协一，罔敢或渝。以保禄位，以完其驱。
古有盘铭，目接心警。汤敬曰跻，一德受命。
朕为斯箴，拳拳希圣，庶几汤孙，底于嘉靖。

嘉靖五年六月二十一日

通州重建尊经阁记

[明] 州人　户部尚书　马坤

惟我圣祖肇造华夏，诞敷文教，首诏天下郡县悉建学立师以为兴贤育材之地，而几厥士类生际盛时，莫不相与明经讲学思为藏器待用之资。仍通故扬支郡也，介大江之北东海之滨，山川擅奇，人文蔚起，今为淮南望郡，其学创于宋，仍于元，至明兴屡作新之，宫墙殿庑既饬且奂惟是经籍储蓄士之藏体游息之所，顾因仍未构。嘉靖戊子醴政待御武昌朱使君廷立按通，展谒师庙，周视学宫，乃谓射圃隙地可为阁，以群居多士讲读其中。檄下，郡守南海钟君汪建之，额以尊经示所向也。然事当草创。地势未拓，规制未宏，岁久日就倾圮，其固有待欤。比年漳南游君天廷以名进士守吾郡，政修废举，雅志作人，载瞻斯阁，方图增葺之计。其工费颇繁，岁禩未遑。迄今癸丑春，侍御史丰城黄使君国用亦督醴按部于通，游君亟以是恳请，允之捐运帑余金助之，即以事属焉。乃择其民之义而有干局者李安上董其役，百需庶为靡不经度，筮吉从事，视旧阁旷地盖三分之一，增栋亦几之，稽工责实，越数月而告竣。维时博士朱君濬司教事，既成而落，颂之，喟然叹曰，阁则高矣，美矣。圣贤之道布在六经，尽在矣，诸士子学以聚之，仰而观，俯而读，斯文其兴乎。寓书走都下，征予言以为记。顾予不类，少游于学，方幸阁制更新，士类改观，是虽不见诮，亦愿有述焉，而况重以请耶。窃惟经者常者道也，道原于性而具于心蕴之，为五常之德，施之为五品之伦，而其理则散见于六经之书，其实皆本诸吾心也，六经特其纪籍焉尔。故士之讲明经学以求至乎圣贤之道者，亦惟反求诸吾心而已矣。第今不善学者溺于举业之习类，执经诵训，沾沾口耳而不求诸心身之实，抑末矣。其甚者未举则猎经以徇利，既举则假仁以乱经，并举其平生而尽弃之，是又经学之贼也，安望其尊尚而服行之哉。噫，圣贤六经之学不明于天下久矣。故曰，经正则庶民兴，而况于士耶。然则吾所望于吾党之士，相与穷经而肄业，必博之以子史六经之裔，约之以身心六经之源，定志向以端其趋，敦伦理以淑其行，居业崇德以豫吾运用，俾异时群出而溢发之。蔼然以经术行业名天下，其为尊经孰大于是。则斯阁不藉以有闻耶，或谓阁之改作有为堪舆家之说，以徼非望之福者。夫崇经学隆化理而进诸士子以圣贤之道，乃名御史、良牧守之意也，奚取于是哉。予特畧之，剟所宜言者用纪之石，以谂后学庶知所以尊经之意云。

天下学宫卧碑文
[清] 顺治帝　福临

朝廷建立学校，选取生员，免其丁粮，厚以廪膳。设学院、学道、学官以教之。各衙门官以礼相待。全要养成贤才以供朝廷之用，诸生皆当上报国恩，下立人品，所有教条开列于后：

——生员之家,父母贤智者,子当受教。父母愚鲁或有非为者,子既读书明理,当再三恳告,使父母不陷于危亡。

——生员立志,当学为忠臣清官。史书所载忠清事迹,务须互相讲究,凡利国爱民之事,更宜留心。

——生员居心忠厚正直,读书方有实用,出仕必作良吏。若心术邪刻,读书必无成就,为官必取祸患。行害人之事者,往往自杀其身。常宜思省。

——生员不可干求官长,交结势要,希图进身。若果心善德全,上天知之,必加以福。

——生员当爱身忍性。凡有司官衙门不可轻入,即有切己之事,止许家人代告。不可干与他人词讼,他人亦不许牵连生员作证。

——为学当尊敬先生,若讲说皆须诚心听受。如有未明,从容再问。毋妄行辨难。为师长者,亦当尽心教训,勿致怠惰。

——军民一切利病,不许生员上书陈言。如有一言建白,以违制论,黜革治罪。

——生员不许纠党多人立盟结社。把持官府,武断乡曲。所作文字,不许妄行刊刻,违者听提调官治罪。

通州重修明伦堂记

[清]知州　汉军正红旗人　王继祖

自古建国,君民立学为先,而三代之学皆以明伦。伦明于上,斯俗成于下。考其大端,不外敦孝弟,重廉耻而已。通郡立学在州治东,而大成殿之北,则明伦堂在焉。堂东有二斋,曰进德,曰修业,西曰兴贤,其南曰志道堂,后为敬一亭,亭后为尊经阁。自明迄今相沿,旧矣,前牧董公以学宫渐圮,劝谕捐输,自棂星门、戟门,大成殿东西两庑皆以坚易腐,以完易缺,一时瞻仰庙貌者罔不肃然生敬焉,而明伦堂仍其旧,余以为前事之不忘,后事之师也,宫墙在望,而堂构勿新,师弟子之讲习诵说于斯者亦无以范其趋一其志也。爰于十七年之六月捐俸倡始,学博吕君淑茂共襄其事,揆日饬材鸠徒计食,凡木与甓之朽败者屏弃之,坚致者参用之,址惟守旧而规则则加恢廓矣。落成于十八年四月,都人士环列而观,请余为文以志之。余尝考虞廷命官,以司徒掌邦教,司徒地官也。今之地官属之守令,则守令之政莫切于典,学校以其为邦教之掌也。乃后代儒生舍本逐末,往往掷岁月于时文,占毕之间或籍籍声华,或营营肥泽,所谓敦孝弟重廉耻者若罔闻焉,甚且嚣凌败坏乡里,不齿之行皆躬蹈之,伦之明也,何日之与有?然则视此巍乎焕乎者不几为文具之观乎。夫士习之淳漓,视乎学术,学术之真伪,视乎祈响。方今圣天子制科取士,作人之典备极周详,莅兹土者率师儒之官或戒或董以奖进之都。人士登斯堂也,其必植身名教,励高明之选,扩广大之休,使五典攸明,五伦攸叙,跄跄跻跻,考钟击鼓而孝弟,廉耻之谊油然而生,既不愧为圣人之徒而于国家崇德兴行之意,亦可仰副于万一矣。是则余之厚望也夫。

第七章 生员与种种考试

宋代，地方儒学不限生徒人数，考试有地方一级的取解试。元大德五年（1301），朝廷曾为地方儒学定"散府20人，上、中州15人，下州10人"。南通历代方志中未载元代儒学的生额数与考试。

明清时期，"入学"各级地方儒学，俱称"生员"。"入学"又称"入泮"（学宫有泮水）、"采芹"（芹长于泮）。生员又称"庠生""茂才"（东汉推行察举制时，因避光武帝名"秀"之讳）、"博士弟子员"等，通行的是俗称"秀才"。儒学设文、武两科，分别有文、武生员。

自明洪武初，儒学生额始有记载，各级儒学生额按文风高下、钱粮丁口之多寡而有差别。文生员学额，通州儒学明洪武二年（1369）定为30人；清顺治四年（1647）定为30人，十五年（1658）减为15人；康熙十五年（1676）只剩下4人，十九年（1680）又恢复为15人，二十八年（1689）增至20人；雍正二年（1724）有25人，三年（1725）通州已升直隶州，与扬州府平级，原来州学按例拨府的3名学额拨归其，增至28人；嘉庆十九年（1814）分给沙籍2人，余26人；同治三年（1864）、六年（1867）各增5人，达36人；光绪初，通州儒学学额为36人。海门县儒学明洪武二年（1369）学额为20人；

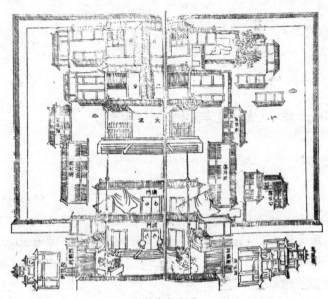

通州试院图

清顺治四年（1647）减为10人，十五年（1658）再减至4人；康熙九年（1670）定12人，又减半为6人；雍正二年（1724）增加4人，共10人；康熙九年（1670）初，海门县裁为乡，乾隆三十三年（1768）又改名静海乡，其儒学附于通州儒学，保留学额10人。如皋县儒学学额明洪武二年（1369）时为20人；清顺治四年（1647）亦为20人，十五年（1658）减为15人；康熙九年（1670）再减12人，康熙十五年（1676）减至3人，十九年（1680）增至12人，二十八年（1689）再增至16人；雍正二年（1724）再增4人，为20人，三年（1725）拨归扬州府额增2人，共22人；咸丰九年（1859）因助糈（军粮）增5人；同治七年（1868）增5人；至光绪初，如皋县儒学学额为32人。海门厅儒学嘉庆十七年（1812）初定学额4人；同治三年（1864）缴银二万两，准加名额2人；光绪二十六年（1900），文生员有学额10人。

清朝又规定每逢国家庆典年份，要加增学额：雍正元年（1723），乾隆元年（1736）、二年（1737），嘉庆二年（1797）、六年（1801）、二十五年（1820），道光二年（1822）、三十年（1850），咸丰四年（1854），同治二年（1863）这十个年份通州文生员广额7人，静海乡（原海门县）广额3人，如皋县广额5人；乾隆十七年（1752）、二十二年（1757）、二十八年（1763）、三十一年（1766）、四十六年（1781）、四十九年（1784），嘉庆元年（1796）这七个年份，通州广额5人，静海乡广额2人，如皋县广额4人；嘉庆后，海门厅也因此两次分别广额2名和3名。清代咸丰年后战事频繁，朝廷军费吃紧，决定助粮暂广学额。文生员咸丰七年（1857）通州暂广14人，静海乡1人；九年（1859），如皋暂广3人；同治三年（1864），通州暂广3人，静海乡1人，如皋县5人；六年（1867），静海乡暂广1人，如皋县5人，暂广58人，（从本年起分年取进）。海门厅自光绪元年以后逢恩庆试增广3人。

　　明崇祯十年（1637），朝廷始定州县，各设武学生员，习称"武生"。清康熙中（约1691）定武生学额，通州儒学为15人，海门县（乡）儒学为6人，如皋县儒学为12人。雍正二年（1724）通州升直隶州后，从扬州府学拨归2人，如皋县拨归1人。同治三年（1864）通州儒学武生学额增10人，如皋县亦增10人，六年（1867）两儒学又各增10人，通州儒学武生额达36人，海门县（静海乡）武生6人，如皋县有33人。光绪二十六年（1900），海门厅学武生额为4人。

　　通州、静海乡、如皋县三儒学武生额因助粮而暂广的人数同三儒学文生员暂广数。

　　地处临江沿海的通州有以煮盐为生的灶籍民，又因不断有沙地涨出而有沙籍民。清代曾为灶籍和沙籍另设学额，顺治初定通州儒学要增设通灶籍生员3人，但未久便裁减了；乾隆时曾有官员上报朝廷，要通州儒学增设沙籍生员额，经复议，朝廷未予采纳；嘉庆十九年（1814），朝廷规定了在通州学额中，文生额分给沙籍2个，武生额分给沙籍1个。

　　上述儒学的文、武生员的学额数是指儒学中廪膳生员（简称"廪生"）数，廪生享有国家供给的廪饩。明初规定每月可得廪米八斗，相传明太宗令供给生员膳食，马皇后说："生员有膳食了，他们的妻子在家里怎么办呢？"于是就命供给生员廪米，后来折为银，一年所得为四两八钱，但后来渐渐成为空谈，有名无实了。明宣德三年（1428），朝廷又在廪生名额之外增广生员名额，此类生员名"增广生员"（简称"增生"），每个儒学的学额增生数同廪生数。正统十二年（1447），地方儒学中除廪生、增生之外，又增加了没有定数的"附学生员"（简称"附生"）。文生员入学，有廪膳生员、增广生员和附学生员三个等级。

　　清代生员入学要通过县试、府试、院试三级考试的"童子试"，入学之后还要不断参加院试等考试，直到"出学"为止。

　　应地方儒学"入学"试者，无论年龄大小，均称"童生"，因学分文、武，童生又有"文童"（或称"儒童"）与"武童"之分。

　　清代文童参加童子试，首要经过"县试"。南通境内县试由文童户籍所在的通州、海门、如皋县和海门厅考试。清乾隆三十三年（1768），置海门直隶厅，与府同级，由当地知州、知县、厅同知主考。直隶厅考官为同知（直隶厅的行政长官为"同知"）。考试通常是在二月。考试日期既出，应试的童生向当地衙署礼房报名，其事务由儒学中的门斗办理。报名须呈姓名、年龄、籍贯以及三代名讳。报考的童生须取其同考五人互相联保，并且以当地一名廪生作担保人（名"认保"），保证其人确系本地籍贯，非冒籍（非当地之人而在本地参加考试，谓之"冒籍"），出身清白（非倡、优、皂、隶子孙），未居父母之丧等，再加上由教官署派一廪生作保

（名"挨保"）。应试童生报名、觅保之后方准应考。考试分四场或五场，每场半夜后入场，黎明点人，限一日交卷。第一场是正场，第二场为招复（初复），第三场为再复，以后为连复。考试的内容主要有"四书"文、试帖诗，"性理"论或"孝经"论，还要默写御制文（如《圣谕广训》《训饬士子文》）。第一场所录取从宽，取者准考府试。以后各场考生自愿参加。县试考前列者，府、院试优先。每场考试之后都要发榜，最后一次发榜才将所有与试者依名次尽列入榜，全部送入府考。朱笔勾画最后一名，形似椅子面与靠背，表示到此为止，因而末一名被戏称为"坐红木椅子"。县试考毕，造具名册送交本地儒学署，并申送直辖地知府，准备参加府试。通州升直隶州后，便送通州知州了。同治七年（1868），张謇在如皋县参加县试取200名之外，可见通过县试的名额，每一次，仅一县而言也不在少数。

童生通过县试后，相隔约一个月要参加府试，府试大约在四月进行。参加县试因故未考者，可补考一场，也准许参加府试。府试主考是管辖本州县的知府。通州升直隶州前，其考生和海门县以及如皋县的考生都要参加扬州府的府试；通州升直隶州后，通州、海门乡（后又改称静海乡）和如皋县（时如皋县已属通州）参加府试的考生俱聚集于通州进行；海门直隶厅设置后，通州和海门厅的府试分别在两地举行，其主考为通州知州和海门厅同知。府试报名、觅保、场次、内容、方法、出榜和县试署同，只是在府试前还要添派一名廪生作保，称为"派保"。考试完毕，由府（直隶州、直隶厅）造具清册申送学政，参加童子试最后一级的院试。府试的录取名额也不少，张謇当时录取在百名之外。

院试主考，明代生员入学初由巡按御史、布政使等中央官员和地方行政长官主持考试，后在各行省设提学官专督学校办理考试。清初承明制为提学使，雍正四年（1726），各省衙门称为"提督学院",官名则为钦命提督某省学政。童生应学政考试便称为"院试"。学政三年一任,于子、卯、午、酉年八月由皇帝从侍郎、京堂、翰林、科道、部属等官进士出身中简派,任内各带原品衔,位在省巡抚与布政使、按察使之间。朝廷"一经颁敕,次日即行赴任"。江苏学政驻江阴县,通州院试由其主持。学政到所属地方有观风整俗的职责。乾隆四十三年(1778),栟茶发生"一柱楼诗案",此次惨案牵连甚广,受惩处的上有尚书、总督、巡抚,下至知府、知县和幕府,一柱楼主人徐述夔父子已死,但仍被开棺碎尸,割首示众,男性亲属16岁以上者皆被斩,"列名校对"的两学生亦被斩……向乾隆奏报,引发此案的便是当时任江苏学政的刘墉。当然学政的基本任务还是巡视所属,任院试主考。

升直隶州前,通州及海门乡童生要赴扬州府参加院试,后试点设在泰州,赴试者"重跻跋涉",劳费甚苦;时如皋县本属扬州府,更要参加在扬州府举行的院试。待雍正二年(1724)通州升直隶州后,如皋县拨属通州,通州、海门乡(后为静海乡)和如皋县的童生俱在通州参加院试。就在雍正二年(1724),知州白映棠建了院试的试场——通州试院。南宋时期,通州建有供士子应考的贡院,最早是淳熙十年(1183),知州蒋雝建在州治东(约为儒学东邻);嘉定年间(约1210),知州乔行简迁贡院至天宁寺西北原紫薇书院处,后毁于兵;咸淳四年(1268),知州冯弼又建贡院,位于南城门外西南处,淮南节制参议王应凤为此撰写了《通州贡院记》,立碑于斯,此碑现嵌于通州乡贤祠北壁内,是南通最珍贵的教育史遗物。新建的通州试院建在州衙东邻,原巡盐御史按临时的公署监察御史院原址。光绪年间,通州试院前,中有为乾隆五十四年(1789)胡长龄立的状元坊(石坊),东有为道光二年(1822)王广荫立的榜眼坊,西有为明正德十二年(1517)海门县崔桐和雍正五年(1727)马宏琦立的探花坊。进东西辕门,居中以大门为中轴线起点,向北有仪门和大堂、川堂、二堂、正房四进,每进屋三至五楹不等,两侧自南而北有耳房、文场、卷轩、隶房、配房、书房、下房、厨房、役房等。乾隆初又增建沙字号于仪门东偏。

江苏学政到任三年要到府(直隶州)考文童生院试两次,首次称岁考,间隔一年后第二次来考,称科试,科试的次年又岁试,再隔一年科试……如此反复进行。以光绪朝为例:九年(1883)通州行岁试,十一年(1885)科试,十二年(1886)岁试,十四年(1888)科试,十五年(1889)岁试……童生府试通过后便可参加岁试或科试。

院试的程序,有关记载详略不一,考试内容不同时期亦有变化。南通市政协编印的《南通掌故》中收有林举白、曹印毕两位乡老回忆有关在通州院试见闻的文稿《贡院的布置和考试的仪式》,转述如下,以见大概:"院试每在半夜子时入场,点名前学政升座暖阁(在大堂中)后,再坐宪轿抬至仪门临时所搭的暖阁上,用背风灯前导,左右青衣呼堂,两旁站班的廪生打恭,升座后开始点名,学书唱名,廪保在旁随声应保。礼房发卷,学政即在名簿上点朱。许多白发苍苍、腰曲背驼的老童生也提着考篮,挤在人堆里走不出来,接不到卷,只好鹄候门外,再俟补点。接卷后,分东西两路进场,海燕子(海燕子是学政衙门里的吏役,专司考场杂务)抄查夹带,然后对号入座。学政点名完竣,仍乘宪轿回大堂暖阁,立即奏乐鸣炮封门。学政坐公案上命题,把准备好的题目写出,礼房从旁抄入整张大纸上,糊成六个牌灯,分送各场传观,以供考生抄录,学政退入上房休息。各地教官查验考卷盖戳。下午放牌,分头、二、三等,皆奏乐鸣炮。考生陆续缴卷,分批出场,直到午夜清场为止。因为在通州参加院试的童生人数众多,故按所辖县(乡)入场。每地皆考三场,第一场考经古,大致为骈偶文与五言排律,后改为经解、史论、

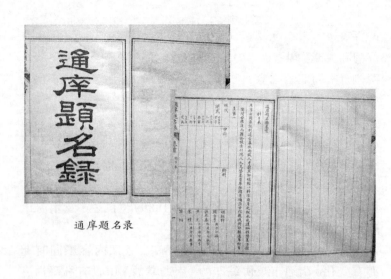

通庠题名录

算学、西学等各科。第二场为正场，原系八股文，后改为"四书""五经"义。第三场为复试，把已获初选的考生提复择优录取。"录取者通过了县试、府试和院试，便算结束了童子试，"入学"成为生员，但是仅为附学生员。通州儒学三年文童子试举行两次：一岁试，一科试。同治、光绪年间，每次均收36名附学生员。据《通庠题名录》载，各朝通州入学的人数：明洪武至成化朝（1368—1487）入学可考者247名，弘治朝（1488—1505）93名，正德朝（1506—1521）144名，嘉靖朝（1522—1566）455名，隆庆朝（1567—1572）42名，万历朝（1573—1620）552名，天启朝（1621—1627）195名，崇祯朝（1628—1644）319名；清顺治朝（1644—1661）305名，康熙朝（1662—1722）710名，雍正朝（1723—1735）218名，乾隆朝（1736—1796）1 149名，嘉庆朝（1796—1820）466名，道光朝（1821—1850）520名，咸丰朝（1851—1861）170名，同治朝（1862—1874）303名，光绪朝自光绪元年至三十一年（1875—1905）停入学试止，共576名。明清两朝通州总计入学的生员有6 464名，明有2 047名，清有4 417名。

而通州和静海乡（海门县和海门乡）每次岁试、科试入学和之后参加乡试、会试、殿试的录取者的人名录收在《通庠题名录》《静庠题名录》《通静二庠题名录》中。

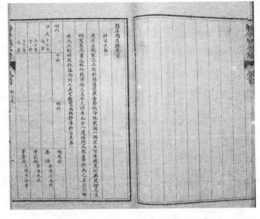

静（静海乡，前为海门县、海门乡）庠题名录

张孝若为其父撰的《南通张季直先生传记》列《考试详表》（下简称《表》），记述张謇参加的种种科举考试，现在相关处略加说明，便于今人具体了解古代地方儒学的考试制度和相关的种种考试。

《表》中记载：张謇于清同治七年（1868）参加如皋县试，他本是通州籍，按本地俗，考生上三代没有功名的属冷籍，其子弟入学很困难，于是张謇的父亲依了其塾师的主意，冒籍为如皋县张铨（已故）之子，改名张育才，参加如皋县试。如皋县是时属通州直隶州，他四月参加了在通州举行的府试。《表》载张謇参加县试和府试的成绩俱在200名之外，张謇在自己的日记中记载"州试，余取列百名之外"，此州试指的是在直隶州进行的府试，受到塾师的呵责后，幸运的是十月他在通州参加岁试取第26名（《表》中载此次参加的是院试，欠妥，这里应该是参加了院试中的岁试。《表》中大多数考试是将院试分岁、科两试列入，再记院试，容易种属相混淆）。一年之内张謇便通过了童子试，成为如皋县学的一名附学生员，但从此因冒籍不断受到勒索，吃够了苦头，所幸遇到识才爱才的学政彭九余、知州孙云锦、海门厅训导赵菊泉和师山书院院长王汝骐等人,他们想方设法,终于说通张铨之母出面解除与张謇的"嗣继"关系,同意张謇回原籍通州,又经复杂的呈报程序,终于同治十二年(1873)将学籍拨回通州儒学,成为通州儒学的附生。事后,张謇写下了《归籍记》,回忆了这段痛苦的经历。

张謇入学之后,还先后参加了四次岁考和四次科考。直到光绪五年(1879),他第二次参加优行生试,录取为优贡,贡入中央官学国子监,才结束了在地方官学的一次又一次的考试。张謇入学后为何还有多次考试呢?每次考试和他有什么关系呢?这些都是由地方儒学的制度决定的。

清制规定,在学生员还要参加院试的岁试和科试,生员的院试在考童生前后另场举行,考法相同,各朝考试内容有所增减,主要有"四书"文和"五经"文,有时还加试五言六韵诗。清沿明制,地方儒学行"六等黜陟"法,即文理平通者列为一等,文理亦通者列为二等,文理略通者列为三等,文理有疵者列为四等,文理荒谬者列为五等,文理不通者列为六等。考列四等级以下要受到处罚,廪膳生员或停廪,各等级的生员可能降级,受扑责、"青衣"(由生员穿的蓝衫改穿卑微平民穿的青衫)、发社(遣送至社学)等处罚。考到三等的原降级的增广生员和附学生员可恢复原等级(廪膳生员降级者不可恢复)。考到二等的生员等级可提升,被降级的可恢复原等级。考到一等的则可以越级升廪膳生员,但廪膳生员名额有限,不缺不补,要依次递补(谓之"侯廪"),可先升增补生员或附学生员。张謇于同治九年(1870)参加科试,取一等第十六名,同治十年(1871)参加岁试取一等第十一名,同治十二年(1873)参加科试,取一等第十五名。但是这三次他虽取一等却未能由附学生员升增广生员,因为当时州学里增广生员没有空额。直到同治十三年(1874)张謇参加岁试,取一等第四名,才补上了增广生员。光绪二年(1876),张謇参加科试，正复四场皆第一，顺利地补上廪膳生员，至此张謇前后经历八年时间，终成通州学的一名廪膳生员。

所有生员，包括廪膳生员、增广生员和附学生员都需要参加岁试，三次不参加便要除名。科试不是每次非参加不可，如若生员准备参加乡试（考举人），就要参加当年的科试，凡名列一、二等及三等名列在前的就取得了参加乡试的资格。其他名列三等及因故未能参加考试的生员，还可以参加学政主持的"录科"试，录科试之后，还可参加一次"录遗"试，录科试与录遗试题目类同科考，录取者可参加乡试。张謇入学后的第三年，即同治九年（1870）第一次参加科试，取一等十六名，获得了当年参加乡试的资格；以后十二年（1873）科试，取一等十五名；光绪二年（1876）科试，正复四场皆第一；光绪五年（1879）正复四场又第一。张謇先后四次科试都在一等之列，均获参加乡试资格，却未能中举。

学政按临地方儒学还有选贡的职责，张謇在光绪三年（1877）岁试取第一，学政荐试优行；光绪五年（1879）五月，参加科试和学政主考的优行试俱获第一名；八月参加优行生试，成绩优秀。优行生试由两江总督、江苏巡抚和江苏学政共同主持。优行生试录取者为优贡，贡入中央官学国子监，至此张謇在通州州学卒业。

综上所述，昔时地方儒学入学要经童子试，童子试要经县试、府试和院试，院试三年两次，分别为岁试和科试，是为入学试。入学之后，生员还要不断地参加岁试和科试，经"六等黜陟"法，确定附学生员、增广生员和廪膳生员的升、留、降级；同时，这也是举贡，进入中央官学国子监的升学考试。而科试的另一作用和录科试、录遗试一样，则是确定是否能参加乡试资格试。

州、县等武科、武生试始于明崇祯十年（1637），清代又增童子试，与文科相同，分县试、府试与院试三级，考试

静庠题名录

合格,方准入州、县、厅儒学肄业,由儒学学官授教。参加县试前,由本县担任教习的武举、武弁、武生将应考武童的姓名等开明具结,审查合格,方准赴考。县试录取后,造册送府试,府试录取后,造册送院试。院试由学政主考,因考武科,学政的官职中需加"提督"武职官称。院试先试文科,"将文案发过,然后考试武生、童"(《钦定大清会典事例·武童生考试》)。武童生试报名、觅保与文科相同,考试分内外场。内场默写《孙子》《吴子》《司马法》《三略》《六韬》等武经书,比原先要试策、论容易得多;外考马射、步射、开弓、舞刀、掇石。考外场时,由上级就近委派外籍贯的副将、参将、游击等武官中的一人,会同学政进行考试。武童生的院试仅有三年一次的岁考,列一、二等者,准许参加武乡试。武生也可举优,每当学政三年任满时,由学政出具考语,向礼部推荐,以后礼部考文,兵部考武,具奏请旨,升入国子监,准作监生,但无贡生名目。武学生员在儒学中除继续骑射外,还要学习"武经七书"、《百将传》等武学书,以及"四书"、《孝经》等儒家经典。

附录

通州贡院记

[宋] 淮南制司参议　王应凤

古者诸侯三岁一贡士，大国三人，其试之于泽于射宫，匪直以言扬也。国朝仿汉唐之制，专以文字取士。通为淮左望郡，三岁大比登名者三，仅如古大国之所贡。政和二年以浑化增十人，至今夸诩，号利市州，中兴以来，贡额才及所增之数，密迹圻辅，陶化染学，文物益彬彬矣。咸淳四年六月辛巳，郡守冯侯弼新作贡院成，以图来请记，应风不敢辞。则以问于侯曰，昔尝读程文简公三贤堂记，则知通之有贡院久矣，不知废于何时。今日之创因旧而新之邪，抑改作邪。且其地焉，在昔州治之东，有水四周，自凤云路而入者，淳熙中蒋侯雕所建也，其遗址今在壮武营中。逮于嘉定文惠乔公来守是邦，病其湫隘，遂迁之西溪紫薇旧宅，光孝塔巉然表于东南，因以为文笔峰，题其额者魏楼公也。嘉熙戊戌，南宫名第，郡士得其五，时乔公实押敕，视政和为尤盛。淳熙壬寅疆吏不戒，几不为郡。越九年，而今太师平章贾公以衮钺来甸，始克往城，以有宁宇。先是举场附于南徐，或寓海陵，其复试于乡。自宝祐乙卯，始即泮宫布几席，从权制也，士不以为便。兵部尚书李公建阃之九年，海晏淮清，弼得以暇日固保障，备械用，文事武功不可偏废，昔岁之秋，控于大阃，更试于总制之虚廊。盖嘉定贡闱之旧，然终非远久计，乃相似高爽地，得郡之蔬圃焉，东北枕海山楼，可以开云梯之武，南侧浮图屹立，可以继慈恩之题。重门罗棘，有厅有庑，糊名易书，次舍严密，为间者八十有八。民不知役，逾月而成。鹄袍鼎来，文气自百鼓行事，雄何止一助。是非弼之能也，亦惟怙冒天朝之福，禀承统府之命，讫就前人之所未为。而弼且将去矣，子其为我书之。凤于是作而叹曰，今之吏凡簿书所不责者谓之不急，况剖符于并边者乎，侯于是贤远于人。惟通濒江枕海，带连吴会，盖陈忠肃、任忠敏之所尝居，王文惠、赵康靖之所尝治也，游于斯则郑毅夫，仕于斯则刘伟明，文采风流，衣被到今，若时先达直馆，吴公以谏诤显京曹，张公以清节闻客曹，俞公以词科进，而二崔为文宗，受知孝宗，肇以鋈坡摄僚直之，任其两凤联飞，续闻趾美，为时名卿者不可一二数。夫人与天地相通也，文与气相发也。古之人无斁誉髦，斯士言士者，心旧而尝一也，攸介攸止，烝我髦士言，造士者新而不穷也，且今之新长桂丛者非向之畦而茹者乎，向也汙陋，今也高明。地不改辟而气象异焉。学者志于上达，盖知所取舍矣。莫尊于道义，莫美于名节，以致远自期，以务实自励。夫是之谓修其天爵，而人爵从，夫是之谓夙夜强学以待问，怀忠信以待举，力行以待取。通之士其懋哉，以无忘侯怀，侯世家匡庐，厚斋先生之子，学有源委，故为政知所先后云。

通州试院记
[清] 州人 福建按察使 李玉鋐

大清龙飞雍正二年以通州滨海，控扼大江南北，特允制府请升为直隶，仍割泰兴如皋海门三县隶之。于时，盖平白公以廉能调守吾州，盖二年于兹矣。州之百度湮者复，废者兴，州人爱戴，歌舞逾于二天。他日，进绅士告曰，是邦蒙皇恩超登大郡，将来督学按部，必循次以按临，则驻节之地非崇建行台，何以恭奉敕书。况通之人士四百年来，赴试者重趼跋涉，必裹数月之粮，而后达于扬府。试毕，轨不及停，喘不及息，旋屧集于吴陵，其劳费视前十倍。今蒙旷世之恩。得以弛于负担，免于旅食，若不及今立试院，以为通人万世之利，其何以铺扬主上之新恩,而统称三县之规制哉。于是诹日筮地,就州治之东察院故址,扩而大之,列以戟门,树以仪台。视事之堂纵广十二楹,闳敞巨丽,足以壮士气而尊宪体。甬道左右列号舍,甃以瓦,翼以窗格,可以避风雨,防寒暑,试席宽广,坐具坚缀,凡为号者八百有奇,皆精缮可以垂久。号舍北,别为隶寮,东西对立,周庐巡警以次休息其中。而厅事后则重闼复室,如堂之制而稍杀之,以为大宪退思更衣之所。其东则吏舍三楹,西亦如之,盖检文书,贮卷籍者于是乎在焉。重门以内特建向明之堂,用以程文艺而胃窀牍。循堂而西,有小斋,门厂,疏櫺;深院亚以花竹,大宪之所游息也。堂东削长楹,拓明窗,为幕僚分阅之舍。又其东则斋厨偃潴马圉铃卒之场,芝刍廥积之地,无不毕具。凡后堂之左右,通计为屋者又三十有一间,院东并大门南向者为提调厅,西则廨舍三间,所谓贵奏厅也。我公既捐俸以嘉惠此邦,而总戎杨公首创义助爰建,一州三县之荐绅士民莫不踊跃忭舞,争先赴义。盖自鸠工迄落成,凡阅一岁,可谓神矣。谨按,易大壮之义,上栋下宇原本圣作。今圣天子肇州立县,万象鼎新,而我公奉扬上德,建试院以广巨典,俾我州士子永代无奔驰赴试之苦。将来传之志乘,书之国史,皆曰,此雍正二年之特恩,而盖平白公之流泽也,则其有功此土,岂有量哉。公讳映棠,字惠南,康熙癸巳科中式,自邠州移守吾州,襄其事通判马颖士、儒学正李日跻、训导江乃宗、吏目徐国丰。其州绅士督工以助成盛举者名姓具于碑阴,庶来者有以考焉。是役也,铨方督饷闽中,未获与覆一簧,而乡之人致书谂予,且以忐石之文相属,是何敢以不敏辞。时雍正四年,岁次丙午四月上浣之吉。是为记。

通州州学与沙童、沙籍生员
《学政全书》

乾隆二十二年议准：江南通州、崇明、昭文之薛家、永兴等一十六沙，毗连海滨，界址交错。雍正十一年间，改隶通州管辖。居住外沙之户，即令入通考试。乾隆元年，给事中马宏琦奏请另立沙童进额，或改回原籍考试。部议，令以崇明之半洋、大安、戏台沙为准：沙以南，赴崇明考试；沙以北，赴通考试。毋庸另编沙籍进取。嗣于乾隆二年，前学臣张廷璐据该州绅士呈请，熟参情势，通童与沙童断难合一，因饬令该州另编沙籍坐号，各建棚闱考试。于通州学额内拨进沙童文生二名，武生一名。二十年来，相延不改。通童与沙童俱各相安，自可毋庸更张。嗣后，应仍照旧编明沙籍各棚考试。至通州学额，原取进二十五名。雍正十三年，将扬州文童正额酌减三名，归于通州，共二十八名。今通州额内，即拨与沙童二名，尚存二十六名，额仍不少，毋庸增设。乾隆三十九年札覆江苏学政彭元瑞，咨呈称通州沙籍生员向系分额取进，其考列前茅者应否与州学一体，称补廪增等语。查通州沙童考试，于乾隆二十二年经学政李因培条奏，于通州正额外，另取文生二名，经本部议复，沙童例在通州入籍考试，原非异县占籍可比。前学政张廷璐酌量情势分额取进，届今二十年，通童与沙童俱各相安，自可毋庸更张，嗣后仍照旧例，即于通州额内拨与沙童二名，毋庸增设等因，题准在案。是沙籍童生在通应考入学后，即赴该州肄业，岁科两试同案发落，与州庠士子并无歧异，其有考列前茅应行帮补廪增者自应与通州学一例帮补。

嘉庆十七年议覆江苏巡抚朱理等奏，海门厅沙籍考试情形，酌定学额一折。查初设专学应按照现考人数酌量定额。前据该抚等以该厅观风应考四百五十余名，请增设文生十五名，武生八名，廪增各十五名，迨经复查，始据称该厅童生在通州考试者一百六十四名，在崇明考试者有三四十名，请设文生六名，武生三名，廪增各四名。前后数日多寡悬殊，该地方官惟冀广增学额，并未核实确计，其所称新辟沙地移居户口堪应考试，因未设额投考无门，就书院月课应考者有二百余名等语。查该沙籍自南北划分之后，甚新辟移居之户果年例已符，自可各归原划州县考试，何云投考无门？至书院肄业，无论本地异籍皆可应课，且聚散无常，其是否合例能文，无凭查考，未足据以定议。查该处学政按临考试，通崇两处统计，人数不过二百名，应请照循化厅之例，定为岁科两试，取进文童四名，岁试取进武童二名。除拨通州原籍文生二名，武生一名外，准其新设文生二名，武生一名。岁科两考，原制及新辟沙童悉由海门厅录送。再该抚等称，如果将来人才蔚起，与考较多，再行题请增额等语。查沙民皆自他处移居，沙之坍涨不定，该民之来去无常，与江西棚民大略相似。若因其应考人数加增，辄行广额，则该沙民必将原籍之人招引偕来，认保之生互相容隐，遇考则来，考毕又去。顶冒跨考，百弊丛生，于清厘籍贯，核实取材之道大有关碍，应请比照江西万载县棚民之例，以四名作为定额，嗣后虽人数倍蓰不得辄请加增，则该沙民必知自惜其额，不肯令他处跨考。如应考之人数渐少，仍听该学政凭文酌减，宁缺无滥以重名器，而免占冒。至沙籍在通州崇明取进人员合计现有四十余名，并无帮补廪增，若遽设廪增各四名，亦属过优，亦请照循化厅之例准其新设廪增各二名，六年一贡。新补廪生仍照例，俟食饩十年后方准出贡。所有以前在通州崇明取进生员均拨该厅学管辖，新设廪生未补之前，沙童初次考试即令该生员等认保。俟有廪生仍照例办理。嗣后沙籍童生永不准在通州崇明冒考。通州崇明之人亦不得转冒沙籍，违者按律惩办。其新辟移居之户未经考试者，仍令该地方官确查田庐坟墓印契，确据已历二十年者取结,报明各上司立案,准其入籍,并照例移咨原籍,不得岐考以杜弊混。崇明县训导改为海门厅训导,以资训迪。

张謇科举试卷选(上)

子贡曰如有博施于民而能济众何如
可谓仁乎子曰何事于仁必也圣乎
清光绪二年五月(科试正场四书文题)

　　重视仁者轻施济,昧夫施济之量矣。夫施济亦仁者事,而博施济众,则非仁者所敢望也。夫子以圣拟之,有以哉!今使举不忍人之事以责仁人,未必非仁人所乐尽也,而究为仁人所不易尽。何则?无尽者仁之心,无尽而卒见为有尽者仁之量,使以心之所欲尽,而遽谓仁者量之所必周,则未知量之极于无可加者,古今来不数数觏也。今夫至人宏施措,量必极诸遍覆包涵;神圣裕经猷,事必基于给求养欲。子贡曰挟此见以求仁,而犹恐未足尽仁也,因以博施济众之说问。残忍酷烈之习,挽回徒托空言,而愿不可偿,则悬想一盛治焉,使天下知此理自在人心,而未尝一朝绝。元后父母之功,愚贱何容僭拟,而权不可假,则虚存一功效焉,使天下知此责终归儒者,而不可小就安,此子贡求仁之意也。虽然,求仁于施,则施不博不可谓仁矣;求仁于济,则济不众不可谓仁矣。夫博施济众,此何如事何如量,而乃以仁当之耶?曰挟此民胞物与之怀,隐为黎元造福命,无论一夫不获,引为予辜,即举世蒙庥,总无可居之功德,谈性命而征实际,子谅易直,仁固无所不周矣。而仁果能无所不周若此乎?曰搆此倖泽望恩之象,默于方寸为踌躇,无论满目苍生环而相伺,即空山歌泣,庸有偶释之痌瘝,培元气而酿太和,悱恻慈祥,仁固无所不浃矣。

而仁果能无所不浃若此乎?夫子曰,赐何视仁之难,而视博施济众之易也。夫博施济众,此何如事何如量,而乃以仁当之耶?必也建极绥猷,有以该天下一家、中国一人之量,而施则恩流汪涉,济则德广骈幪也。且夫施济正不尚虚名耳,信如赐言,将和亲康乐,勒为一书,匡辅劳来,覃乎八表,过化存神之妙,仁者当之而无惭矣!而岂知不施不济,仁人固无此性功;必施必济,仁人亦无此大业。五百年挺生王者,馨香祷祝,薄海同殷,而谓可遇诸旦暮间乎?必也首物作睹,有以扩范围不过曲成不遗之规,而施则利溥百年,济则惠孚万姓也。且夫施济尤期有实效耳,信如赐言,将风雨露雷,上佐造化,飞潜动植,胥荷生成,补偏救弊之功,仁者措之而有余矣。而岂知为施为济,仁人即能勉其诣,悉施悉济,仁人不能竟其程。半生来系念安怀,位育中和,经纶有属,而能不悬诸心目间乎?必也圣乎,赐毋沾沾焉以施济为仁也。

缘鹄饰玉赋（以缘鹄饰玉后帝是飨为韵）
清光绪三年（岁试·举优行题）

繄灵均之姱节,遭上官之妨贤。鹄摩霄而奚自,玉毁椟而谁怜?变伤荃艾,占试筵篿。上征而翔鸾先戒,反顾而雌蜺便娟。纷《离骚》之郁旨,衍《天问》之奇篇。矢余好修,任烁金于同列;望古遥集,忆负鼎于当年。不堪相历桐宫,托割烹以干进;可是人来莘野,藉滋味为夤缘。是说也,盖好事者所倡,而策士以文其垢辱。谓夫成汤降虮延符,飞龙受箓。仲虺则阀阅崇闳,女鸠则簪缨绍续。彼尹也空桑遗婴,衡茆寄躅。迹远朝廷,誉湮乡曲。即令道秉见知,忠虙启沃。问功名于贱士,蝘蜓合笑龟龙;说富贵于耕夫,燕雀安知鸿鹄。于是栖射侯,御缯弋。的骞臄,下修翼。出媵臣之技余,供膳夫之冗职。

汩昨困而今亨，乃寻枉而尺直。我闻在昔，尚龙醢之能求；自怪从来，竟雉膏之不食。宰天下当如是肉，信矣非虚；治大国若烹小鲜，时乎难得。而何嫌膻鼍者之侈华腴，而何嫌更鹜者之工粉饰。尔乃馨以椒浆，荐以茅醙。去游鱼之沸鳞，实蟠夔之立足。庚禼安排，丁舲联属。锓璀璀兮镂青，铉莹莹兮篆绿。进御而班杂鹓鸾，拜献而舞娴鹝鸽。生不五鼎食，岂丈夫之所为；分以一杯羹，庶君王之见录。迥异形图魑魅，贡收九牧之金；早征绩奏熊黑，俘到三薆之玉。且夫斟雉而寿考者，陶唐之臣也；屠牛而贵显者，渭滨之叟也。奚何为大夫而殁名，宁何能贩徒而角扣。自来执雁见君，烹雌别妇。邑宰且诮于割鸡，壮士不羞于屠狗。使尹也偃蹇雄飞，沉沦牛后。永贞抱璞之心，不展奏刀之手。何以攀鳞附翼，一举而治佐兴王；何以勒石铭金，千载而篇垂徂后。嗟乎！以若所云，滋为缪戾。信姱以练要兮，尚阻謇修；攘诟而忍尤者，遑能康济。尹则蛙沈灶上，生感神灵；瑕蚌庙中，礼隆遭际。万国赖集夫共球，三聘始膺夫缥币。比于玉而特达自在圭璋，譬诸鹄而侪辈皆为毛毳。想此后盐梅任用，有傅岩之相君；岂尔时金策滥邀，等钧天之醉帝。咄咄三间，感斯而起。纷博謇以离愍，肆纬繻而丛毁。凤在笯其孰羲，鸩为媒而余耻。琼佩声边，瑶台望里。鸧鹑致味，徒殷篝缕之招；鸿鹄代游，空说沼池之美。抚长剑兮玉珥，侘傺何如；食元圃之玉英，颢颔若此。此勿问鸡鹜翱翔，麒麟摭掎。即尚论乎先觉先知，又安见夫公非公是。已焉哉，世忌独清，朝容群枉。草鸣鹎鸠而萎芳，藻喷雁兔而不长。握瑜怀瑾，羌糅石兮焉知；驾虬乘鹥，溘埃风兮安往。相下女之可诒，通前修于寤想。缘鹄而鹿马昭诬，饰玉而苡珠雪谤。须识伊滨元圣，寓和羹调鼎以为言；可怜楚泽孤臣，歌蒸蕙廑琼而莫飨。

第八章 "出学"后的科举试

明、清地方儒学的生员取得乡试资格,应试中式为举人后,便"出学"了。有的出贡为贡生,升入中央官学国子监后,也便"出学"了。

取得生员功名便开始了科举的第一步,而后参加乡试为举人,参加礼部会试为贡士,参加殿试为进士;乡试之首称解元,会试之首为会元,殿试之首为状元。文武两科都有乡试、会试和殿试,文科考试惯例不在其前冠以"文"。

乡试十二年内开考四次,子、卯、午、酉年举行,逢国家庆典加试为恩科,庆典适逢正科举行之年,便以正科为恩科,正科于前或后一年举行。清代乡试例于秋八月前后举行,称为"秋闱"(闱,考试之意)。通州和所属县与海门厅的生员多数在南京参加江南省乡试,少数参加顺天的乡试,分别称南、北闱,廪、增、附生员经科考取得应乡试资格者可应考,生员以及贡生和监生参加"录科"和"录遗"试合格也可考乡试。各地每次参加乡试的人数,由上次乡试中式人数决定,每朝每代都有增减,各省亦不同,中式一人,应试生儒可达50人左右。主持乡试的官员,称为主考,主考有正有副,由皇帝委派,都是临时差使,考试完毕,便回原职。另设分房阅卷的同考官(又称"房官"),还有监临、监试、提调及受卷、弥封、誊录、对读、收掌等考官。每次乡试第一场试三日后试第二场，第二场试三日后试第三场，都是前一天点名、领卷入场，后一天交卷出场。为了防止考生作弊，有严密的考场条规。考生的衣着和所携的文具、食物都有具体的规定，进场要经过严密的搜检，试卷的书写从格式到字迹都不得有违。违反考场条规的，一经查出，轻则不得与考，重则枷号大门外以示众。试"五经""四书"文、策问、诗。三场考毕，考生等待发榜，而考官们则进行紧张的阅卷、评选，决定中式的名单。其时防止考官作弊也有多项措施，如考卷要重新誊写后方才阅卷，考生之卷用墨书写，称"墨卷"；誊写用朱笔，称"朱卷"。（乡试、会试中式后，朱卷会发下，举人、贡士常将自己的家谱、师从和自己应试的墨卷合刻刊印，封面红色，也称"朱卷"。）不同级别的考官各司其职，用青、紫、赭黄色笔以区别。发榜日期约在重阳前后。各省中式录取人数依文风之高下、人口之多寡、丁赋之轻重

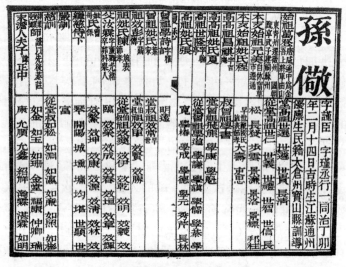

孙儆乡试"朱卷"首页（家谱、师从）

而定。清初中举人数,江南一次可录取163名,乾隆元年(1736)确定江南省的上江安徽中举额占全省的十分之四,下江江苏占十分之六;后又规定上江取45名,下江取69名。南通市政协编印的《南通掌故》收录了乡老林举白、曹印举回忆见闻的文章《乡试》,载:"江苏、安徽两省合称上下两江……共有考生两万人,录取名额仅120名,其中解元由两者轮流。"在发正榜的

光绪甲午科状元张謇像

同时还发副榜,康熙十一年(1672)规定省乡试每正榜中额五名,设副榜中额一名;中副榜者要取得举人资格,还必须在以后的乡试中取入正榜,但中副榜者已得"出学"为贡生,称"副贡"。

还是以张謇为例,从他参加乡试的经历,今人可多一些对乡试的感性认识。张孝若的《南通张季直先生传记·考试详表》中载张謇参加了六次乡试,从17岁考到30岁,分别在同治九年(1870)、十二年(1873),光绪元年(1875)、二年(1876)、五年(1879)和十一年(1885)。张謇未参加光绪七年(1881)和九年(1883)的两次乡试,因光绪六年(1880)、七年(1881)他的两位母亲相继去世,丁忧,故不能应试。前后长达16年,可见中举实在不易。张謇前五次参加乡试都参加了科试,科试成绩俱在一等之列,光绪元年(1875)参加的乡试本是正科考试年,因光绪帝登基而改恩科,正科移后在二年(1876)考试。同治十三年(1874)同治

帝去世，院试到十月只考了岁试，张謇便凭一等四名的成绩参加了次年的恩科乡试。在不断参加乡试的16年里，张謇的生员级别从附学生员升至增广生员，再升至廪膳生员，可见参加乡试，附、增、廪生俱行，但乡试前的科试（或偶有替代的岁试）必须是成绩在一等之列。张謇最后一次参加乡试，不在南京应江南南闱省试，而在顺天府参加，并获第二名，称"南元"。这是因为光绪十年（1884）张謇到淮安问候帮助自己解脱冒籍之困的前通州知州孙云锦，孙告诉他明年将移官江宁，要参与江南乡试相关事务，他要张謇和自己的儿子回避，去顺天府参加北闱乡试。顺天府位于北京所在的直隶省，全国的举子俱可参加那里的乡试，唯第一名解元必须是直隶籍，南方籍最高只能取第二名，故称之为"南元"。张謇在《自订年谱》里载，"清代乡人北榜中第二者：顺治甲午（1654）盛于亮（海门乡籍）、乾隆庚午（1750）方汝谦（通州籍），至余共三人"。张謇缺载了乾隆癸酉（1753），如皋县籍的胡之祁也中了南元。张謇的顺天乡试名列第二（是受制度之限，实际可能是取了第一），高中可喜，更重要的是被考官赏识：侍郎童华荐卷，童是张謇入学时的主考学政，再由尚书潘祖荫、翁同龢定为第二。张謇也感觉到"潘、翁二师期许甚至"，翁师"相待尤极拳拳"，对张謇后来高中状元和参与政治活动都有极大的影响。

南通乡试中举，始见记载的是明永乐十三年（1415）的陈敏，末是清光绪二十九年（1903）的孙宝书，前后近500年。多少举子像张謇一样多次参考方得中式，最终通州明有文举人87名，清有举人239名，总计326名。明朝和清光绪朝之前，海门县（后为海门乡、静海乡）明有文举人35人，清有举人29名，总计64名；如皋县明有举人63名，清有举人113名，总计176名。海门厅后设，从乾隆五十三年（1788）开始至光绪二十年（1894），共有举人8名。南通中举者,解元仅一人,为明正德十二年(1517)海门县的崔桐。

举人中式发榜的第二天设鹿鸣宴。主考、监临、学政和其他考官与新科举人都要参加。众考官先行谢恩礼,再由新科举人谒见众考官,新科举人接顶带衣帽等项后开宴,歌《鹿鸣》诗,跳"魁星舞",尽欢而散。举人中式要参加高一级的科举考试——会试。举人参加会试前,全部考卷要送礼部"磨勘"(复核),还有规模不等的"复试",以防考官作弊,或考生开虚作假,或选评有失。磨勘、复试通过的举人才能参加会试。

明清两代的会试每三年举行一次,时在乡试秋闱的次年春天二三月,故称"春闱",逢丑、未、辰、戌年为正科,若乡试有恩科,则次年就有会试恩科,考三场,每场三天。试"四书"文、"五经"文、五言八韵诗及策问。会试中式者称"贡士",第一名称"会元"。举人参加会试三科或四科未取,经吏部"大挑""截取",按其形貌与应对挑选,一等的

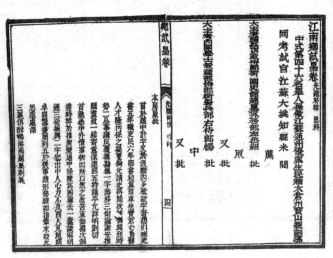

孙僶乡试墨卷(一)(刊于其"朱卷"中)

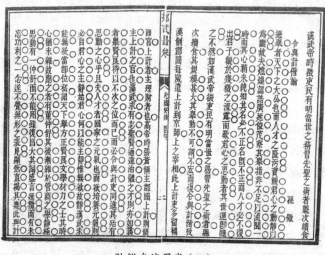

孙儆乡试墨卷（二）

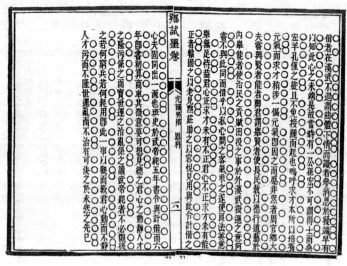

孙儆乡试墨卷（三）

可以任知县,二等的可以任教职。另有"挑选",三科会试未取的可补知县,一科不中可以州学正、县教谕录用。虽多数举人"屡试屡败",但还是要取得贡士和进士的功名。

张謇前后五次参加会试,分别在光绪十二年(1886,当时他33岁)、十五年(1889)、十六年(1890)、十八年(1892)、二十年(1894)。光绪二十年(1894),张謇已41岁,中第六十名贡士。下录张謇光绪十八年(1892)记参加会试的日记,可见赴考和考试前后的相关情况:

二月乙卯　十七日　辰刻上船,午刻开行,卧舱板上,人与人头足相抵也。

十八日　感冒。

十九日　午刻到烟台,入夜大风顿作,船甚颠簸,向明而定。

二十日　抵大沽口,船重沙高,不能驶进,易小舟而行。近口十余里,风逆水溜,一叶掀舞,船重沙高,行一时许,始过口门,向晚至塘沽旅所。

二十一日　附火车至紫竹林春元栈定车。

二十二日　开车,宿河西坞,病咳。

二十三日　到京。车夫以包饭之故,趱程疾驰,颠顿万状,下车劳倦已甚,住会馆。

…………

二十八日　谒常熟师(翁同龢)……

…………

三月　六日　移观音寺胡同东口松宅小寓。会试总裁翁同龢、祁世长、霍穆欢、李端棻。翁固乙酉(顺天乡试)座师,祁复试一等师,李国子监受知师也。……

八日　第一场。拥挤之苦,为从来所未有。既入号,疲困已甚,病咳犹未愈也。首题:"子曰君子矜而不争"两章,次题:《斯礼也达乎诸侯大夫及士庶人》,三题:《井九百亩其中为公田八家皆私百亩同养公题》,诗题《柳拂旌旗露未干》,得"春"字。文皆称心,而谈更不求深,不知能稍异时辈否。

九日　　三更,文诗作完。

十日　　申刻出场。

十一日　　第二场。极暖,号中只能着一短衫,半夜得题:《易》"为大涂",《书》"亦惟我周太王王季克自抑畏,文王卑服,即康功田功",《诗》"嗟嗟保介,维莫之春",《春秋》"公会诸侯盟于薄释宋公";《礼》"兵车不中度,不鬻于市;布帛精粗不中数,幅广狭不中量,不鬻于市"。

十二日　　二更,五艺成。

十三日　　申初出场。

十四日　　第三场。微雪。夜分得题。第一问"四书",第二问新旧《唐书》,第三问《荀子》,第四问"满洲东三省舆地",第五问《农书》。

十五日

十六日　　申正出场,一寓之中为最后。……
…………

二十八日　　闻四月十二日放榜之讯。
…………

四月　　十一日　　听录。独居寓舍,为人作书。彦复为至贡院小所探讯,三更始归,知已报罢。于是会试四次,合戊辰(参加如皋县试之年)以后,计凡大小试百四十九日在场屋之中矣。前己丑(第二次会试)既不中于潘文勤师,而今之见放又直常熟师,可以悟命矣。

张謇四次会试失败之后,对继续在科举路上进取渐失去了追求。光绪二十年(1894),适逢慈禧太后六十寿庆,考恩科会试,父亲"命再赴会试一次",其兄也来促他应试。张謇勉强赴京,连试具都是借之于友人,三月八日至十六日完成了三场会试,四月十二日发榜,中第六十名贡士;十六日复试,取第十名。

张謇第五次参加会试终得中式,排名尚不落后,因会试一科中额在300名左右,复试后取第十名,排名则在前列了。南通参加乡试为贡元者仅通州清嘉庆六年(1801)中式的马有章。通州参加会试传为佳话的,还有光绪九年(1883)出现的顾氏"父子叔侄同科"。相传顾氏于明朝中叶自昆山来通,十一世顾曾烜与弟曾灿,还有曾烜之子儒基同科会试,并中式为贡士。

会试中式者俱可参加由皇帝亲自主持的殿试,而且参加殿试的人一概不会被黜落。清代沿明制,倘有因丁忧或别项事故(如患病、亡故等)不能于本科参加殿试的,可以声明事由告假,准其于下一、二科补殿试。通州"父子叔侄同科"中的顾曾烜与其子儒基于光绪九年(1883)会试中式的当年

张謇殿试策

便参加殿试中了进士;而曾灿,相传是因病告假,至下一科,光绪十二年(1886)才中了进士。因为贡士几乎都会成为进士,所以习惯称贡士为"进士"。

殿试既是皇帝主考,评阅殿试卷便称为"读卷"。明清两代评阅试卷的官员只能称为读卷官,清初读卷官定为14人,后减为8人,明殿试在奉天殿或文华殿进行,清初殿试在天安门外,遇风雨则在太和殿或东西两庑,后改在保和殿进行。张謇中贡士后,于光绪二十年四月二十二日(即1894年5月24日)参加了殿试,考试内容是"第一策河渠,次经籍,次选举,次盐铁"。从清初到清末,殿试内容都是经史时务对策一道,多为四题,张謇便考了四题。明清时,殿试试题都由相关大臣密拟,最后由皇帝圈定,在严密的监督下刻印,殿试日凌晨才印刷完毕,诸贡生在试场列班跪受,然后各就试桌对策。殿试限一日完成,答卷未能完卷者置于中选名次之末。张謇殿试是酉正(下午六时)交卷,戌正(下午八时)归寓所。可能张謇自己也没有想到,这一次却名列第一。

殿试评阅试卷,先由读卷官分卷评阅。清时分别在卷上标出五种等级的标识,然后轮给别人分得的试卷,阅后也加上标识,最后总核,多推首席担任。八位读卷官皆作最佳标识者名列前茅,有二、三等级标识者,名次

张謇状元捷报

一定落在后。读卷官最后排好前十名的考卷进呈皇帝，由皇帝亲定名次。皇帝看后有时也做改动，最后定下先后名次，其他贡士由读卷官定好名次，也不须皇帝再加核定。明清殿试前三名为一甲，赐进士及第，一甲第一名称"状元"，第二名称"榜眼"，第三名称"探花"；次为二甲，赐进士出身，首名称"传胪"；再为三甲，赐同进士出身。殿试发榜一般在四月二十四日，是时五更，诸贡士朝服至乾清门外静候"听宣"。传宣大臣由乾清门出，立于御阶上，手执黄纸名单高唱前十名名字，其十人之外的名单按名次填榜发布。听宣的次日皇帝召见新进士，要行隆重的"传胪"典礼，皇帝升座太和殿，百官分列东西，响鞭，奏乐，新进士朝服，冠三枝九叶，顶冠按名次序立至行礼处排班。传胪官唱第一甲第一名某人，被引出班跪于御道左，又唱第二名某人，被引出班就御道右稍后跪，第三名某人，被引出班就御道左又稍后跪。每名唱连唱三次。以后唱第二甲、第三甲等若干名，不出班，仅唱一次。唱时以次接传，所以称为"传胪"（胪，传告之意）。唱名毕，众官与新进士行三跪九叩礼，皇帝还宫。礼成之后，礼部尚书捧黄榜（用黄纸书写的新进士榜）于彩亭，送出太和门、午门、中和门，至东长安街张榜三日。一甲三人随榜亭由午门正中出，诸进士从左右门出，中门平日非御驾不启，一甲三人由此出，实是特别的荣耀。

　　顺天府府尹搭彩棚，设长案，陈列礼部颁赐的金花等礼品，传胪后，为一甲三人簪花披红，备马。鼓乐执事为前导，送一甲三人至府衙，开宴，再由鼓乐执事经主要街市送三人归第。传胪后三天，于礼部赐新进士恩荣宴，恩荣宴又称"琼林宴"。传胪后数天，新进士要在保和殿参加由皇帝亲自命题的朝考。清朝按规定，新进士在殿试后授职，状元授翰林院修撰，榜眼、探花授翰林院编修，二甲、三甲通过朝考者授翰林院庶吉士,其他进士分别授以主事、中书、行人、评事、博士、推官、知州、知县等官职。进士既是生员"出学"后科举的终点,也是走上仕途的起点。

明清两朝通州及所属海门县(后为海门乡、静海乡)、如皋县和海门厅有进士170名,其名单如下:

明 通州

刘 福	顾 祥	戈 斌	陈 敏	邵 旻	徐 宗
顾 雄	邵 棠	周 臣	凌 相	姚继岩	凌 楷
马 坤	钱 嶫	陈 尧	袁 随	顾 奎	赵云程
陈大壮	顾养谦	成 宪	赵鹏程	陈大科	袁九皋
范凤翼	王继美	白正蒙	张元芳	顾圆宝	潘允谐
姜玉果	包壮行				

海门县

尹惟忠	陈 孚	陈 奎	崔 桐	钱 铎	李梦周
王三宅	高 荐	费必兴	张伯鲸	成友谦	

如皋县

黄 用	刘 鉴	冱原霖	邵 聪	许 鹏	冒 政
马继祖	冒 鸾	何 塘	冯世昌	孙 袠	孙应鳌
钱 藻	苏 愚	马 洛	郭师古	冯上知	李之椿
冯上宾	冒起忠	田见龙	许 直	曹鼎元	

清 通州

张之壁	程天旋	孙闳达	江允汭	陈鼎元	李玉铉
陶元运	马宏琦	高允中	高名世	马 洪	刘 伊
方汝谦	保兆炳	钱兆鹏	王 城	沙重轮	胡长龄
李如林	保 麟	马廷燮	马友章	王汝霖	孙兆鳌
邵凤依	沈 歧	冯元锡	冯云鹓	陈士祯	刘帮鼎
徐宗干	周 昇	王 藻	王广荫	沙思祖	冯 爔
马映辰	孙铭恩	钱文伟	王翊清	孙 超	马映阶
王荣清	孙廷元	周 矗	沈锡庆	沈 煌	王广佑
孙登瀛	徐宗勉	丁元正	张攀桂	张炜基	王广福

沈汝奎　顾曾沐　顾其行　陆　筠　孙赞清　马毓鋆
　　　顾儒基　顾曾烜　顾曾灿　王　尤　李　安　张　謇
　　　范　钟　孙宝书　程昌鼐
海门县（后为海门乡、静海乡）
　　　易象兑　丁腹松　李如林
如皋县
　　　余一元　丁其誉　张　祚　许嗣隆　石为崧　朱廷宁
　　　丛方藟　姜仁修　郑大德　姜颖新　胡香山　黄克业
　　　范承宣　顾人骥　史鸣皋　程化鹏　范曾辉　顾　駉
　　　范　辂　戴连奎　朱　琦　顾　暄　吴开阳　胡连耀
　　　袁祖安　黄元文　邓　瑛　刘帮槐　吴肇嘉　谢福天
　　　沙元炳　周炳荣

　　明清两朝取一甲的海门县籍的有明正德十二年（1517）的探花崔桐；通州籍的有清雍正五年（1727）的探花马宏琦，乾隆五十四年（1789）的状元胡长龄，道光二年（1822）的榜眼王广荫，光绪二十年（1894）的状元张謇。

　　明清两代随着城市教育的发展，进士数增加。但通州与静海、海门和如皋三县在宋代就有中进士者，他们是：

通州
　　　姚原道　俞兆能　陈博古　俞民献　俞名康　隋兴祖
　　李安上　李　鼎　顾友直　施康年　任岩叟　印应雷
　　印应飞
静海县
　　　吴　及　张日用　施昌言　张次山　崔敦礼　崔敦诗
海门县（后为海门乡、静海乡）
　　　陆思古　陈士迈　叶应之　胡　英　沈　迈
如皋县
　　　查　道　王惟熙　胡志康　王　观　王　觌　史　堪
　　张　卫　顾　伟　史　声　王咸羲　王　歧　王正纲

宋代的地方儒学没有固定的生徒额，也没有起始的童子试。宋初只有各州行政长官举行的取解试和礼部举行的省试，或名"礼部试"，开宝六年（973）增加了殿试。南宋咸淳四年（1268），淮南节制参议王应凤所撰的《通州贡院记》中有"嘉熙戊戌，南宫名第，郡士得其五"的记载。"南宫"为礼部试，嘉熙戊戌是嘉熙二年（1238），这一年通州中了五名进士，可惜通州地方志的《选举表》仅录中进士的印应雷一人。在宋代科举史上，郑獬其人名列其中，郑獬生于宋乾兴元年（1022），江西宁都人，入国子监学习，恃才自傲，国子监依例推荐国子监生参加进士试时，主司将他排名落后，他便写诗嘲讽主司。郑獬参加进士试时又是这位主司任考官，所幸此时初行"糊名"制度，就是把考卷上的姓名、籍贯等密封起来，主司错把一卷以为是郑獬所作，加以斥免，拆封后中状元的正是郑獬。南宋《舆地纪胜·人物》载："张日用，静海人也，知越州新昌县日，有郡曹掾之子郑獬，

胡长龄状元府一角

日用一见奇之,即妻以女,后果魁天下。"以后通州各地方志的《流寓》中记郑獬道:"郑獬字毅夫,安陆人,张日用知新昌,獬父方掾其郡,用奇獬才,妻以女,因挈之通,读书城南文殊院,构精室,名文会亭。后以皇祐五年(1053)魁天下。"所以后人称郑獬为南通人的女婿,为南通增加了"半个状元"。但郑獬之父为郡掾的记载失实,佐治之吏中正者为掾,官职低微。其父名纾,天圣八年(1030)进士,曾知越州余姚,官至祠部郎中,宋著名书法家蔡襄为之撰《尚书礼部侍郎郑君墓志铭》,郑纾去世后累赠尚书、礼部侍郎。獬兄弟五人,四人为进士。郑獬之父如果官职不高,他是不能进入国子监的,因为宋代国子监要招收七品以上官员子弟入学,"郡掾"为从八品以下官职,子弟不得进入国子监。有关郑獬身世有不同的文字记载,孰是孰非只好存疑。也有待南通教育史的研究者析疑。

地方儒学的文生员乡试中式后"出学",要参加会试和殿试。武生员乡试中式后"出学",也要参加会试和殿试。明崇祯年间(约1640),武科童试、乡试、会试、殿试四级考试制度才完备,清沿明制,武乡试三年在各省城进行,时间也在子、卯、午、酉年的十月,逢国家庆典则加恩科试一次。武会试在乡试次年的九月于京城进行。武殿试在武会试同年的十月进行。武科考试分内、外场。武乡试由各省巡抚或总督任监临与主考,内场选科甲出身的同知州县四人为同考官,阅看文字;外场设近省的提督、总兵为同考官。顺天府的武乡试考官司与各省不同,多数由文武各级京官担任。武会试以兵部侍郎为知武举,外场钦派大学士、都统,会同兵部尚书、侍郎及御史等分闱为外场考试官,内场正副考官二人,以内阁、六部等各堂官钦简,从进士、举人出身的官员中简派为同考官。武殿试由皇帝御试,以内阁、部、院、翰林院、詹事府等中的堂官若干人为读卷官。

武乡试、会试的考试方法与武童试大致相同,但难度有相应的提高。以武会试为例,亦如武童试,也是前后分三场进行,第一、第二场为外场,第一场试马上箭法,第二场考步射技勇,技勇又有开硬弓、舞刀、掇石,项目相同,只是合格标准提高了。武童试驰马发三箭,全不中的不续试;而武会试就曾规定纵马两趟射六箭,只中一箭的不续试。武乡试测技勇开硬弓限接三次,每次拉满为准;舞刀要一次性完成左右前后的规定动作;掇石要求将长方形的石块提至胸腹间,弓的硬度、刀和石块的重量都要有轻重之别,分为三等不同的"号",应考者可选号参试,但三者最终必须有两项取得头号和二号的成绩,三号成绩超过两项者为不合格,便取消第三场内场考文的资格。清初,内场试要试策二篇、论一篇,题目选自"四书"和《孙子》《吴子》《司马法》等兵书,但考试者多不能文,后逐渐从简,嘉庆十二年(1807)改为默写一段《武经》(约100字)。武乡试录取名额为文乡试的一半,各省不等,约数十名至百余名,中式后为武举人(简称"武举");参加武会试的每次有千人左右,中式者不等,多至二三百名,少至百余名,平均约百二十人,习惯以武进士称之。武举会试落第者,可赴兵部拣选,一二等以营千总用,三等以卫千总用。

武会试中式者复试合格,便可参加十月举行的殿试,十五日试策文,十七、十八或十九御试马步箭弓刀石。殿试重在御试武艺,最后中式以马步箭弓刀石技高为准,皇帝钦定甲第。武进士"传胪"也在太和殿,御殿典礼及胪唱行礼均与文传胪相同,中式者为一甲三名,赐武进士及第,俗称"武状元""武榜眼""武探花",二甲赐进士出身,三甲赐同进士出身。武会试中式者俱由皇帝钦定为武进士,武殿试举榜、送榜由兵部实行,榜张西长安门外。"传胪"后赐武状元盔甲,巡捕营备伞盖仪送武状元归第。次日,在兵部赐"会武宴",赏状元衣物,赏诸进士银两。武进士定甲第后分别授营职和卫职,营职是直接带兵,授参将以下武职;卫职是授皇帝一等以下侍卫之职。

南通境内通州和所属海门、如皋两县及海门厅,明清两朝共有武举人286名,其中通州明代有8名,清代有131名;海门县(后为海门乡、静海乡)明代有14名,清代有12名;如皋县明代有12名,清代有101名;海门厅清代有8名。

通州、海门县(后为海门乡、静海乡)、如皋县和海门厅共有武进士40名,他们是:

明　通州
　　　姜志祁
　　海门县
　　　王三重　成东旸
　　如皋县
　　　张　楫　冒　爵　陶　灿　罗光烈
清　通州
　　　吴应昌　徐昌祚　钱方起　魏挹癸　曹锡钺　孙昌世
　　　保　甿　刘士宏　秦长治　马　淮　龚　宣　金蟾桂
　　　曹　炎　余金门　周兆鳌　徐联标
　　海门县(后为海门乡、静海乡)
　　　叶　盛　陆继文　易　昆
　　如皋县
　　　刘　炌　邹　斌　蒋　煦　丛中绤　苏廷珍　缪伟臣
　　　蒋世琦　徐天凤　徐　璋　陈嘉谟　沈　彪　陈金标
　　海门厅
　　　杨朝栋　黄国柱

清朝后期,弓矢之技已失其用,军旅火器渐盛,只凭武勇身手已不合于时事的发展,光绪二十七年(1901)朝廷将武科废止。

附录
张謇科举试卷选（中）

第五问（农政）
清光绪十一年（乙酉科乡试第三场策问题）

天下之大残，莫甚于巫巫焉求壹切之富，而农政不修，驱举世之人，日骛于末，而农夫且离其南亩也。夫上自王公卿相庶官贵人，下至士工商贾，凡其日用饮食婚嫁丧祭，无一不取给于农。而又有冗吏之耗，养兵之费，游手之徒，嘻嘻而坐食，日于农焉而朘之削之。而为农者既自苦其筋骨之劳，复有奇丽可喜之物，便利易趋之事，日诱以外而淫于中，则岂有不厌其耒耜，而荒弃其业者乎？尧典授时，虞廷命稷，尚已。周之兴也，益基乎稼穑，而《豳风》一诗，见王业之隆焉。求其条理，大司徒掌建土地，辨十有二土之名，辨十有二壤之物。责任土于载师，以物地事、授地职，自国中场圃以及甸稍县疆，毕垦之为田，而天下无不农之地；责任民于间师，以掌其数、任其力，自园圃虞衡以及工商闲民，毕有事于田，而天下无不习于农之人。至纤至悉，而不苦其繁也；至详至精，而不病其劳也，何其知本与！后世士大夫生长田间，有不知稼穑之艰难，不辨耕植之物候者矣。北魏贾思勰以农圃衣食之法，撰为《齐民要求》九十二篇，观其自叙，起自耕农，终于醯醢，资生之物，靡不备具。虽今所见其纪五谷果蓏之属，多非中土物产，篇次有为后人增益而窜乱之者，而其援据博奥，论说精实,岂他农家之书所能比方。唐陆龟蒙《耒耜经》,列著田器,其为用自犁制及镜、爬、砺䃺、碌碡之属,言之綦详。宋陈旉《农书》三卷,论农事、养牛、养蚕,引证经史,自命适用。虽其间虚论为多,然固留心民事者矣。元世祖欲民崇本抑末,立大司农,专务劝课农桑,又求古今农家之书,编为《农桑辑要》,命各路宣抚司择通晓农事者,充劝农司,巡行郡邑,分布其书。至于仁宗、明宗之朝,复刊之江浙行省,流传颁布,经国利民,斯其勤焉。鲁明善《农桑衣食撮要》,分时厘月,缕析条分,尤足以补《农桑辑要》之疏略。明徐光启采辑经史百家之言,授则占候之令,及夫南北水利,泰西水法,树艺、蚕桑、牧养、制造、农器之事,而终及于荒政,为书六十卷。金穰木饥,五行之消息,理有固然者。疏凿灌溉之法,则壤斥坟涂,土性不一,桔槔水车,各用所便,要在因地以求其宜。至于区田之法,亦有二说。见于嵇康《养生论》者,所谓赵过能为代田一亩三甽者也,金世行之而无效。若传自伊尹,贾思勰所谓以粪气为美,不必皆良田者,是在人事之勤矣。董煟《活民书》则所为救荒者,皆事后补救之法耳。为政者诚知道民之要在于务本,重农贵粟以作之先,使末技之民,他无所逞而反于田亩。斯地无遗利,民无余力,不必求一切之富,而仓廪充实,水旱有备,民安其生,而国本固矣。国家综食货之大原,摈桑孔之心计,利泽所被,不既宏且远与?

尽放冰轮万丈光(得光字五言八韵)
清光绪十一年(乙酉科乡试第一场试帖诗题)

放出清秋月,流云尽卷藏。一轮冰澈影,万丈日分光。濯魄壶中久,腾辉镜里刚。圆凭瑶斧斫,远借玉绳量。星汉无声转,天街是处凉。山河呈世界,草木映文章。千里应知共，三宵未觉长。咫才逢盛世，复旦庆休祥。

庆以地
清光绪二十年（甲午科会试首场"四书"文题）

以地行庆，周之旧法也。夫周至战国，固不能举巡狩之礼，亦岂复有可以行庆之地。而旧典自在，不可没也。孟子若曰：昔宣王之赐召穆公也，圭瓒秬鬯，告于文人，而必继以锡山土田，诗人歌之，以为是中兴甚事盛也。岂知土地非王者所得私，庆赏亦本朝之故事。遐稽成宪，鸾辂时巡。下无可俟之恩，上有实至之惠。今虽周籍尽去，其详不可闻，而尝闻其略已。天子入诸侯之疆，而土地辟，田野治，老有所养，贤有所尊，而俊杰复在位矣，凡此皆诸侯所奉行于天子者也。天子行庆于是乎在。赏田掌于载师，其地则远隶六乡，立法者尝兼寄乎司徒司马之权，以必行其茂赏。而所谓国功民功事功治功诸贰，又无一不储为天府之藏，则典至隆也。加地著于王制，其事则举从二月，行法者固早酌乎参税一税之入，以豫待夫有功。而所谓九同七同五同三同诸加，又时或散见于礼家之说，则法至备也。抑又闻之：四海九州，凡二百一十国，名山大泽不以封，其余以为附庸闲田。闲田未封人者，诸侯旁近之国，所在而有矣。天子于是诏司勋而命之曰：昔先王虑天下之旷远而难制也，于是分诸侯以理之；而又恐农政之不修，而人才之或逸也，为之条教以督之。而诸侯之勤勤于其国也，则既绰有上理，甚劳勤可念。凡夫夙昔所藉废不治之田，以禄诸侯之有功者，余一人岂有爱焉。既书其功，垂光旂常。其度量以予之地，俾分疆而理，以就大庆。若是者甚烦且费，而天子顾时为之何哉？谓我一二兄弟为我缮此土也，岂异日封殖自厚，以贻予一人之忧，而庆赐稽逾时日也。

得毋令人疑辀轩之使,未必以上闻,而太史都非实录也。且使天下以为善不报之故,而疑余实傲焉,尤将有隐伤其志者乎?故庆以地而后诸侯劝,而国正之有无,不暇计矣。尔累世祖宗以弼予承此基也,是此时疆畎相酬,亦犹尔先人之泽,而庆惠顾事踌躅也。得毋令人疑汤沐之封,或留诸贵幸,而太常但有虚文也。且使天下以有功不赏之嫌,而憾余实愼焉,将无有自取为快者乎?故庆以地而后诸侯宾,而匠人之规画,不惮烦矣。顾或者疑天子十二年一适诸侯,其可庆者当不乏,安得闲田如是之多者?而不知犹有削地之法在,夺不肖以予贤,数固相当哉!

殿试策

清光绪二十年(甲午科殿试题)

奉天承运,皇帝制曰:朕寅绍丕基,仰荷昊苍眷佑,兢兢业业。今二十年,恭逢皇太后六旬万寿,上维鲁颂寿母之诗,俯思大雅作人之化,特开庆榜,策试多士。又尝恭读康熙戊戌科圣祖仁皇帝策问,天子以乂安海宇为孝,是以夙兴夜寐,勤求至理,政事之余,留意经术。圣训煌煌,为万世法。兹举河渠之要,经籍之储,选举之方,盐铁之利,揆时度势,酌古衡今,尔多士其扬榷陈之。治水肇于《禹贡》,畿辅之地实惟冀州,水利与农事相表里,后汉张堪为渔阳守,开田劝民,魏刘靖开车箱渠,能备述欤?至营督亢渠,引卢沟水资灌溉,能各举其人欤?唐朱潭、卢晖,宋何承矩浚渠引水,能指其地否?元郭守敬、虞集议开河行漕,其言可采否?汪应蛟之议设坝建牐,申用懋之议相地察源,可否见之施行,能详陈利弊欤?汉世藏书,中秘最善。刘向所校,仅名《别录》。至其子歆始总群书而奏《七略》,传注所引,秩然可征。班志艺文,与刘略出入者何篇？魏晋以后，郑默《中经》、荀勖《新簿》，体例若何？梁华林园，兼五部以并录；隋修文殿，分三品以收藏。唐承砥柱之厄，始付写官；宋籍建业之余，尽送史馆。此皆册府遗文，可资掌录。明《永乐大典》所收之书，今不存者见于何目，能备举以资考证欤？选举为人材所自出，翰林以备顾问，六曹以观政事，县令以司赏罚，三者皆要职也。翰林始重于唐，其时学士出入待从，参谋议，知制诰，能详其品秩欤？宋儒馆有四，地望清切，非名流不得处，其选用之制若何？六曹昉自周官，秦汉隋唐互有沿革，能陈其异同欤？晋制不经宰县不得入为台郎，而后世或缙绅耻居其位，或科甲无不宰邑，岂轻重各因其时欤？抑增重激劝，或得或失欤？盐铁之征始于管子，论者谓其尽取民利而行之，数千百年卒不能废。至汉武帝用孔桑之法，与管子异矣。其时所置盐官二十八郡，铁官四十郡，能指其地欤？终汉之世，屡罢屡复，其年代皆可考欤？唐贞元中检校盐铁之利，其议发于何人？若第五琦、刘晏、裴休之论，固无足采欤？请引受盐而商擅利权，禁民贸铁而官多侵蚀，其流弊能指述欤？凡此皆御世之隆谟，经国之盛业也。夫朕以藐躬加于臣庶之上，受祖宗付托之重，惟思恪遵慈训，周知民隐，旁求俊乂，孜孜为治，以跻斯世于仁寿之域。尔多士各抒谠论，毋泛毋隐，朕将亲览焉。

（以上为策题，以下为应试者的对策）

臣对：臣闻善言天者尊斗极，善言治者定统宗。民生国计之利弊，不可节节喻也，学术人才之兴替，非必屑屑究也，要在道法而已。孔子之道，集群圣而开百王，其世所诵法大义微言，后千六百余年而复集成于朱子。宋臣真德秀尝本朱子之意，辑为《大学衍义》，自帝王治学至于格致诚正修齐得失之鉴，炳然赅备。是则三代两汉以来，所为力沟洫，宏文章，兴贤能，裕食货者，必折衷于朱子之言，而后是非可观也；必权衡以朱子之意,而后会通可得也。钦惟皇帝陛下,躬上圣之资,勤又新之德,而又开通言路,振饬纪纲,凡所谓大学之明训,前古之事迹,固已切究而施行矣。而圣怀冲挹,犹孜孜焉举河渠、经籍、选举、盐铁诸大端,进臣等于廷而策之。臣愚何足以承大对,然臣尝诵习朱子之言矣。朱子之言之具于其书,与为德秀所称引者,无一而非人君为治之法,人臣责难之资也,其敢不竭献纳之忱乎?伏读制策有曰:"治水肇于《禹贡》,畿辅之地实唯冀州。"而因水利与农事相表里之故,此诚今日之先务也。臣惟禹所治河,自雍经冀,冀当下流,故施功最先,非直以为帝都而已。自汉时河改由千乘入海,而冀州之故道埋。今畿辅之水永定、子牙、南北运河、清河,其尤大者。东南水多,而收水之利,西北水少,而受水之害,岂必地势使然,亦人事之未至也。汉郡渔阳,当今密云,而张堪之为守,营稻田八千余顷。继是而往,魏刘靖开车箱渠,修戾陵堰;后魏裴延俊、齐稽华辈,亦先后营督亢渠,引卢沟水以资灌溉。迹虽陵谷,而事皆较然。宋何承矩廓唐朱潭、卢晖之旧,于雄莫霸州、平永顺安诸军,筑堤六百里,置斗门,引淀水,既巩边围,亦利民焉。元世郭守敬、虞集并讲求水利,郭之所议,今之通惠河也,虞议则至正中脱脱尝行之。而明汪应蛟之议设坝建牐,申用懋之议相地察源,其所规画,与郭、虞相发明,当时固行之而皆利矣。夫天下之水,随在有利害,必害去而利乃兴。而天津则古渤海逆河之会,百川之尾闾也。朱子曰:"治水先从低处下手。"又曰:"汉人之策,留地与水不与争。"然则朝廷所欲疏瀹而利导之者,其必先于津沽氽口加之意已。制策又以汉世藏书中秘最善,而因考证自汉至明册府遗文可资掌录者。臣惟成周外史,坟典藏史,简册虽经秦而煨烬,而兰台东观秘籍填委,固道术之奥,而得失之林也。刘向校书,条篇奏录;子歆《七略》,疏而不滥。而班志艺文,书、礼、小学、儒、兵、诗、赋诸篇,时有出入,虽不尽无当,而总扬雄三书为一序，郑樵嗤其踬焉。魏晋代兴，采撷残阙，则有郑默《中经》、荀勖《新簿》，编为四部，总括群书。而梁之华林园目录，五部并列；隋之修文殿副本，三品分藏。盛矣！逮唐之初，砥柱一厄。迄宋开宝、建业再征，由是而写本易为摹印，史馆益便其搜罗。明《永乐大典》散失，所存犹二万余卷，其中佚文秘典，世无传本。见于文渊阁书目者，今皆裒辑成编矣。朱子云："不求于博，何以考证其约。"又谓："古今者时，得失者事，传之者书，读之者人。而能有以贯古今之得失者，仁也。"皇上留心典籍，以为政本，岂与夫词臣学子，务泛览为淹通哉！制策又以选举为人材所自出，因考累朝翰林六曹县令之轻重。臣惟今世所称清班美授者，翰林之官也。翰林之置，始唐开元，学士只取文学之人，自诸曹尚书至校书郎，皆得与选。延觐之际，各超本班。内宴则居宰相之下，一品之上，无定秩，无定员。宋凡昭文馆、史馆、集贤院、秘阁，各置直官，与其选者为修撰、校理、校勘、检讨，非名流不预焉。迨用为恩除，而参谋议、纳谏诤、知制诰之本意失矣。且不精其选，而苟焉以试除官，亦朱子所谓上以科目词艺为得人，下以规绳课试为尽职而已。六曹昉自周官，秦不分曹而置尚书四人，汉有五曹，后更为六。隋唐因之，置侍郎、郎中、员外郎分掌曹事，沿以至今，固天下庶政之橐籥也。官多而事棼，又不如朱子所论三参政兼六曹，而长官自择其僚之为当矣。县令为最亲民之官，晋制不经宰县不得为台郎。后魏之季，用人猥杂，而缙绅士流，耻居其位。宋初或以京朝官为之，积久更弊，乃议所以增重激劝之法，至庆元朝重邑令，而科甲咸宰邑焉。朱子曰："监司不如郡，郡不如县，以其仁爱之心，无所隔而易及民也。"真治天下之本也。国家设官求贤，傥宜咨访于无事之时，参量于始用之日乎？制策又以盐铁之征始于管子，行之数千百年，卒不能废，而因切究其流弊。臣惟盐铁之弊，若准诸古而穷其阴敓民利之术，虽管子不免为圣王之罪人。而沿之今而犹为取诸山泽之藏,则孔桑且可从计臣之末减。汉武帝所以入孔桑之说,而置河东、太原等盐官二十八郡,置左冯翊、右扶风、颍川等铁官四十郡者,方张边功急军旅之费也。利窦一启,更无可塞,虽始元、地节之议减,初元、永元之议罢,而永光、永平旋踵即复焉。唐贞元初,刘彤请检校海内盐铁,而第五琦、刘晏、裴休继之。当时军镇赖以赡给,晏所为出盐乡因旧监置吏亭,户粜商入,纵其所之,与朱子论广西盐法,随其所向则价自平者有合,愈于琦、休之为议矣。夫受引盐者商,而夹私居奇者即商也;禁贸铁者官,而侵蚀贿纵者即官也。流弊不胜穷,况征有出于盐铁之外者耶。皇上轸恤民艰,其必从朱子罢去冗费、悉除无名之赋之说始。且夫民生至重也,学术至博也,人才至难,国计至剧也。朱子谓四海之广,善为治者,乃能总摄而整齐之。而壬午、戊申封事,则要之格物致知,以极夫事物之变,推之至谏诤师保,而归本于人主之心,其言尤恳切详尽焉。臣伏愿皇上万几余暇,留心于《大学衍义》,而益致力于朱子之全书,以求握乎明理之原,而止于至善之极。将见川浍治而农政修,图书集而法训备。广选造之路,而壹平内外轻重之畸;权征榷之方,而必袪旦夕补苴之计。斯治日进于古,而我国家亿万年有道之长基此矣。臣末学新进,罔识忌讳,干冒宸严,不胜战栗陨越之至。臣谨对。

第九章 "出学"与选贡

古代由地方儒学选出、贡入中央官学,称为"选贡",或"出贡",或"升贡"。选贡后就离开地方儒学,"出学"了。

宋代设立的中央官学先有国子监,又称"国子学",专收京朝七品以上官员的子弟入学,部分官宦子弟无心真正问学,"多伪滥",办学效果不佳。庆历四年(1044),中央官学又创太学,入学者为八品以下官员的子弟或庶民之俊秀者;徽宗于崇宁三年(1104)又规定太学生由州学生升贡,每三年由州县选送一次。太学用胡瑗"三舍法",实行试分三等,若试上等进太学上舍,试中下等进内舍,其余为外舍,平时学行考核,定期升降,上舍试合格直接授官。是时通地州县地方儒学"出学"而选贡太学者,虽然缺人数统计,但亦有佳绩可陈。

成书于南宋宝庆年间(1225—1227)的地理总志《舆地纪胜》和成书于嘉熙年间(1237—1240)的另一部地理总志《方舆胜览》都有称通州为"利市州"的记载,利市,吉利、交好运之意。

《舆地纪胜·风俗形胜》记道:"先是数举士人至辟雍(即太学)者皆不利,大观中(约1108),朱侍郎彦为守,始移壮武营射垛,不使压州学上,当年所解三名,至辟雍皆上舍选。太守、教官及考官皆转一官,以其今榜皆过有此恩。御笔添解额十名,故通州号为利市州。自靖康后,以就试人少,以分数取十名,遂立为额。"《方舆胜览》记利市州的文字与《舆地纪胜》几乎相同。由此可见,当年通州州学出贡太学三人,因成绩优秀,相关官员受到升职的奖励,通州州学的贡额由三人增加到十人,此事传播甚广,影响甚远。至于"利市州"的获得归之于风水的说法,那是不可靠的,移射垛至多能去除士子心理上的自怯。

"利市州"得誉后约十年,如皋县王俊乂又在太学获上舍试第一名,此次由宋徽宗亲自选定为第一名,有"释褐状元"之称。上舍试优等者将"出学"授官,太学为他们举行隆重的"释褐礼",换下民服"褐"(粗布制的衣服),穿上官服,"释褐状元"之名来源于此(此"状元"不是科举殿试第一名的"状元")。王俊乂因不肯趋奉权臣蔡京、王黼,未得重用,仅任国子博士,后任史部员外郎、岳州知州,然其人品为世所誉,《宋史》有传。

元代亦设中央官学国子学(国子监),未见南通境内州、县有人入国子学的记载。明初定都南京,设中央官学国子监。永乐元年(1403)又建北京国子监,十八年(1420)迁都北京,改称"京师国子监",于是明代有南北两监之分。清代的中央官学,因明之旧制,仍称"国子监"。清定都北京后,"修葺明北监为太学。顺治元年(1644),置祭酒、司业及监丞、博士、助教、学正、学录、典簿等官。设六堂为讲习之所,曰:率性、修道、诚心、正义、崇志、广业。一仍明旧"(《清中稿·选举志》)。六堂中,正义、崇志、广业三堂为低级班,学生进入国子监后先入这三堂学习;合格后可升入中级班修道、诚心两堂学习;合格后再升入高级班率性堂。在监读书名为"坐监",要达到规定的时日。考试成绩合格,方有升等的条件。至率性堂后,一年内要不断考试,积分及格方得毕业,再到吏部历练政事,历满才能授予官职。

　　明清进入国子监的学生,有一部分由地方儒学从未中举的生员中按规定名额挑选优秀者贡入,名为"贡生"。明代有四种贡生,即岁贡、选贡、恩贡和纳贡;清代有六种贡生,岁贡、恩贡同明代,拔贡由明代选贡演变而来,例贡相当于明代的纳贡,清代另增优贡和副贡。

　　明清岁贡生由学政从各地方儒学廪膳生员中按年资选送,生员入学一般要在十年以后才能取得选送的资格,如不能升至廪膳生员,仅为增广生员和附学生员,就一直没有选送岁贡的机会。因为选送要按年资挨次而行,所以岁贡又被称为"挨贡"。岁贡生朝廷定有名额:明洪武二十一年(1388)定通州三年贡二人,海门、如皋两县两年贡一人,未久,改定州两年贡三人,县一年贡一人;永乐八年(1410)改定州一年贡一人,县间岁贡一人;正统六年(1441)定州三年贡二人,县间岁贡一人;弘治、嘉靖年间,州、县岁贡名额如洪武朝。通州与海门、如皋两县俱遵朝廷的规定选送岁贡

京师国子监

生。清顺治二年（1645）定通州岁贡名额为通州三年贡二人，海门、如皋两年贡一人；清康熙元年（1662）定通州两年贡一人，县三年贡一人，八年（1669）恢复旧例。

明清通州、海门县、如皋县、海门厅岁贡数统计：

通州

明　　　254名　　　　　清　　　　　182名

海门县（后为海门乡、静海乡）

明　　　154名　　　　　清　　　　　134名

如皋县（据光绪《通州志》统计，至清同治末止）

明　　　181名　　　　　清　　　　　121名

海门厅（据《海门厅志》统计，至清光绪二十六年，即1900年止）

　　　　　　　　　　　　清　　　　　4名

共计　　明589名　　　清441名

明清两朝均设恩贡，恩贡生是皇帝特别恩赐的贡生。一种范围很小，赐圣贤（如孔子）后裔中的生员贡国子监；一种是全国性的恩贡，逢国家庆典以本年正贡为恩贡，本年正贡的陪贡（递补名额，依例岁贡每个名额之下选一正二陪，称"陪贡"）作岁贡。南通各州、县、厅的恩贡生均为后者。

明清通州、海门县、如皋县、海门厅恩贡统计：

通州

明　　　4名　　　　　清　　　　　41名

海门县（后为海门乡、静海乡）

明　　　5名　　　　　清　　　　　40名

如皋县（据光绪《通州志》统计，至清同治末止）

明　　　6名　　　　　清　　　　　31名

海门厅（据《海门厅志》统计，至清光绪二十六年，即1900年止）

　　　　　　　　　　　清　　　　　13名

共计　　明15名　　　清125名

明代贡生设选贡，弘治中（约1496）始行。因岁贡挨次而行，充贡者多已年老体衰，故于岁贡之外，不分廪膳生员、增广生员、附学生员，统一考选，优者充贡，三年或五年考选一次，名"选贡"。清代拔贡之制，即由此演变而来。清顺治初沿明制，特选生员贡入太学。康熙十年（1671），皇帝令各直省学政于参加院试考取一、二等生员内选拔文行兼优者贡入太学，定选拔贡之制度，廪膳生员、增广生员和附学生员俱可应考拔贡试。参试者先在儒学报名，至省城贡院参加学政主考的拔贡考试，时在当年院试科试之后。清代又有举拔贡间隔年限的规定，但多次变化，至乾隆七年（1742）始定为十二年一次。顺治五年（1648）、十四年（1657），康熙十年（1671）、二十四年（1685）、三十六年（1697），雍正元年（1723），通州、海门县、如皋县各举一拔贡。雍正六年（1728）定六年一选，乾隆七年（1742）后，通州等俱与全国一样，即十二年举一次拔贡。

清通州、海门县、如皋县、海门厅明选贡、清拔贡数统计：

通州

　　明　　　5名　　　　　清　　　21名

海门县（后为海门乡、静海乡）

　　明　　　7名　　　　　清　　　23名

如皋县（据光绪《通州志》统计，至清同治末止）

　　明　　　9名　　　　　清　　　15名

海门厅（据《海门厅志》统计，至清光绪二十六年，即1900年止）

　　　　　　　　　　　　　清　　　2名

共计　　明 21名　　　清 61名

清雍正十一年（1733），朝廷规定："优生由廪、增升入太学者，准作优贡。"始有优贡之称。乾隆四年（1739）规定各省选优贡的名额，江南省属大省，每次定额六名。每逢子、卯、午、酉之年在乡试前由学政举行"优行生试"，三年一次。雍正时规定廪膳生员和增广生员方能参加，由学政会同总督、巡抚考选。张謇于光绪五年（1879）五月应科试，取第一，七月先在州参加由学政主考的优行试取第一，取得了参加举优贡的优行生试的资格。是试由总督沈葆桢、巡抚吴元炳、学政夏同善三宪会考，事实上总督未到，七月二十八日考了一天，四更考毕出场，八月三日出榜，名列第一，成了优贡，自此张謇已"出"通州儒学。

清通州、海门县、如皋县、海门厅优贡数统计：

通州

17名

海门县（后为海门乡、静海乡）

无

如皋县（据《光绪志》统计，至清同治末止）

1名

海门厅（据《海门厅志》统计，至清光绪二十六年，即1900年止）

2名

共计　　　20名

明代后期和清代有副贡之设。各省乡试时，限于名额，有文理优长者未能中式成举人，便取为副榜，副榜贡入太学，称为"副贡"。

明清通州、海门县、如皋县、海门厅副贡数统计：

通州

明　　　3名　　　　清　　　51名

海门县（后为海门乡、静海乡）

　　　　　　　　　清　　　4名

如皋县（据《光绪志》统计，至清同治末止）

明　　　3名　　　　清　　　29名

海门厅

　　　　　　　　　清　　　6名

共计　　　明 6名　　　清 90名

明清岁贡、恩贡、拔贡（选贡）和清代的优贡、副贡出身的贡生，称为"正途"；而明代纳贡演变为清代例贡，俱是通过报捐方式，向朝廷捐纳资财而举贡，纳贡和例贡出身的被视为"杂途"，或"杂流"。清代例贡又分三种，由廪膳生员捐纳的称"廪贡"；由增广生员捐纳

国子监辟雍大殿

的称"增贡"，由附学生员捐纳的称"附贡"。昔时地方志的《选举表》列岁贡、恩贡、拔贡、优贡和副贡生的中式年份和后出任的官职等，而例贡生不入记载。以南通有影响的"范氏诗文世家"为例，世家的第十代有"通州三范"条目收于新版的《辞海》，其长范铸（后名当世）最为著名，然而只有廪贡生的出身；其弟范钟是光绪八年（1882）的优贡；而行三的范铠是光绪二十三年（1897）的拔贡。民国《南通县图志·贡荐》中只存范钟和范铠选贡的记载。

明清在国子监肄业的除贡生外还有监生。明代以会试落第举人资格入监者称"举监"，由府、州、县生员选贡入监的称"贡监"，凭先祖勋绩资历入学的称"荫监"，凭捐资纳财入监者称"例监"。清代分恩监、荫监、优监和例监。恩监是指圣贤后裔或八旗等文官子弟受恩准入监者。荫监中恩

荫是指京官四品以上，外官三品以上，武官二品以上，按例可特准一子入国子监就读；另荫监为难荫，专指品官因公殉难，封荫其子入国子监读书。清监生中仅有优监和地方儒学有关系，优监却不同于优贡，优监是在附学生员中选拔，而优贡是在廪膳生员和增广生员中选拔。

被录取的贡生和监生要取得入监读书的资格，还要通过考试。考试名为"考到"，张謇举为优贡后次年六月，往国子监参加考到试，取第一名。考列一、二等者再试，名为"考验"，张謇取第四名。贡生考中一、二等的方取得入学资格，监生中第一等方取得入学资格。取得入监资格后，还要等国子监内有空额才能真正入监读书。入监后只要参加录科试合格，就可继续参加乡试。张謇考到后第三个月应顺天乡试，中式，而且为南元，便无须再到国子监坐监。其实国子监到后来并没有实行原先所定的严格的制度，内外班分开已实际废除了"坐监"制，贡生和监生多数并不在监中学习，只图国子监发给的膏火费和等待入监期满后授予从知县到吏目的不同级别的官员官职，无心向学。再加上生员纳资便可为例贡或例监，捐纳之风大开，纳资者仅为领取一张贡生或监生的身份凭证而已，国子监作为中央官学已成空架。光绪三十一年（1905），清廷废科举，裁国子监，选贡也告结束，古代教育走向终结。

附录
张謇科举试卷选（下）

古之学者为己
清光绪十一年六月（国子监录科"四书"题）

课学于己，其学有独绝者矣。夫学从己立，己以学成，学与己固相因而为用也，即奈何当孔子之时，而其学已专属诸古乎？

且自有圣贤而后有学之名，亦自有承圣贤者而始有学之事。事与名相赴，而一己遂并重于圣贤。非重乎己即为圣贤也，圣贤亦惟重乎己以成其学。承圣贤者，即不得不权轻重之数，殚其力以求与学称。盖圣贤之道如此也，而其事亦惟有志圣贤者所独喻。何则？六经载籍之繁，大抵各有其事理，求其义而以身体验，《诗》《书》《易》《礼》，何者非治心养性之书也，学中固自有己也。六合弥纶之业，无一不具于性功，得其本而随事贯通，日用伦常，何必无天民大人之寄也，己外又无所谓学也。何所异于学，而令古者独为乎己也；何所异于学之有所为，而令为己者独成为古之学也？古人无事不出以公，何至学而自私，翻焉示天下以不广？学固有以私成公者也。天下惟学问甘苦之境不可共尝，苦也私喻之，甘也亦惟私喻之也。古殆罔不如是也。古人无事不见其大，何至学而独小，皇然争天下之所图？学又有以小成大者也。吾学惟义理得失之间不容自恕，失也小积之，得也亦惟小积之也。古何为其独然也？古岂真风气之独朴，而有以成此学欤！世诚无新奇可喜之谈，而足颙其趣；民诚无毁誉不公之事，而足静其心。幸生其间，何尝非古学者之福？而要其所成，有不必恃乎此者焉。一善言而著于心，淡简温理，不动乎声色；一善行而附于身，忠信强力，悉副以精神。以己究学之真，即以学立己之命。士首四民，风气之所为随学而开也。不然，匪风下泉，伊可悲矣，徒殷此思古之深情也哉！古亦岂教化之独异，而有以造此学欤？上诚赖圣君贤相之作育，而庠序有灵；下诚多耆儒大师之陶熔，而征径途不杂。躬当其盛，未必非古学者之资，而究其所造，有非他所能为力者焉。高明沈潜，各就其所近，补救而不使不足；道德行义，自课其所独，充盛而不见其有余。己以满学之量，即学以完己之修。士备百行，教化之所为因学而昌也。不然，矜廉狂直，事则已矣，复使吾望古而遥集也哉？嗟乎！学以务实为归，极千秋不朽之事功先期知道，举又以闇修为贵，古三代以上之儒者，并不著书。古之人，古之人乎！

第十章 古教育的尾声

民国《南通县图志·文选表》录入同治十一年（1872）至宣统二年（1910）间分的"甲科"（即贡士、进士）、"乡举"（即举人）和"贡荐"（即岁贡、恩贡、副贡、拔贡和优贡）栏目列表中录的有关人名。另设"征召"栏，此栏为《南通县图志》新设，未见于前志，其实"征召"栏所录的是属于"制科"的中选者。自唐以来，考试取士分常科和制科两类，按年定期举行的，名"常科"；由皇帝下诏临时举行的，称"制科"。明清科举考试，童子试、乡试、会试、殿试等都定期进行，都属常科；如皋县的冒襄自明入清，不去满人朝廷任职，康熙十二年（1673）和十八年（1679），冒襄两次辞"博学鸿词科"的征召，是时朝廷为了笼络汉族知识分子，给以优惠待遇，特招入京参加"博学鸿词科"试，便是制科试。自雍正元年（1723）始，朝廷又规定：凡是新皇帝即位开一次制科，名为"孝廉方正科"，重在品德方面择优，由皇帝诏直省州、县、卫荐举。《民国县图志》文选表"征召"栏中就收录"光绪元年乙亥（1875），朱富贵，字介人，以孝廉方正征"。制科除了博学鸿词科和孝廉方正科，还有光绪朝的被称为不景气的"经济特科"。

光绪二十年（1894），清朝廷在甲午战争中战败后，西方列强掀起了瓜分中国的狂潮，民族危机空前严重，用科举取士培养不出能强国救国的有用人才，朝廷政权随时可能倾覆，因而大学士翁同龢提出"当此时变，不能不破格求才"。光绪二十三年（1897），贵州学政严修奏请仿照从前博学鸿词科之例开经济特科。经各国事务衙门会同礼部议定章程六条。光绪二十四年（1898）正月初六，朝廷下令由三品以上京堂及督抚学政推荐人选，汇齐人数百人以上便行经济特科。《南通县图志·文选表》的"征召"栏，系年于光绪二十四年（1898）"以经济特科征"的，通州有范当世（字无错）、冯澂（字涵初）、张謇、冯善征、孙儆，静海乡有崔朝庆（字聘臣）。《南通张季直先生传记·考试详表》载："光绪二十四年七月经济特科荐，侍郎唐景崇。"是时为张謇中状元后的一年。但是这一次的经济特科并未能举行，这年八月，慈禧太后发动政变，经济特科也被当作维新变法之举，以"易滋流弊"而停止，所以《南通县图志·文选表》的"征召"栏所列名单只是一份官员向朝廷推荐参加经济特科的名单。

清廷的危机随八国联军攻陷北京后，更为严重，慈禧太后于光绪二十七年（1901）四月发布懿旨，"为政之道，首在得人，况值时局阽危，尤应破格求才，以资治理。允宜敬遵成宪，照博学鸿词科例，开经济特科"。至光绪二十九年（1903），内外大臣保奏参加经济特科试者已达370余人。五月，186人参试正场，录取127人参加复试，最后定下一等九人，二等十八人。《南通县图志·文选表》的"征召"栏中没有留下通州和静海县录取的名录，只是从有关的记载中知道二等的第一名是通州的冯善征。看来朝廷还是想用制科来录取亟须的人才，光绪三十四年（1908）开博学鸿词科，宣统元年（1909）又开孝廉方正科。

制科于元、明两代均未举行，清末重开，以补科举之疲弱。但是经济特科还是延续科举的路，录用的是接受科举教育的人，未能选拔出挽回颓世的人才，后来均无突出成就。清末开制科未能取得成功，再一次说明古教育已走到末路，这只是古教育的尾声罢了。但尾声还有最后余波，那就是光绪二十八年（1902），朝廷颁布《钦定学堂章程》以后，兴办的新学堂（学校）逐渐代替古教育。光绪三十一年（1905），朝廷决定于次年停开乡会试和岁科试，停了科举。但是到新学堂求学的风气未开，欲推广进行，便沿用科举功名的名目授予学堂的毕业生。

尤金镛南菁书院卷

第十章 古教育的尾声

宜统初的办法是大、中、小学生毕业后，经会考，按成绩分别奖励，大学可奖以进士，中等学校毕业生可奖以举人、贡生，高小毕业生可奖以廪膳生员、增广生员和附学生员。通州的尤金镛，光绪十五年（1889）入学，为附学生员，后补为廪膳生员，去南菁书院肄业；南菁书院于光绪二十七年（1901）改为南菁高等学堂，尤金镛在光绪三十二年（1906）从那里毕业，宣统二年（1910）取得了学部颁发的优贡执照。

光绪二十八年（1902）开始动工兴建的通州民立师范学校，终于在次年的四月初一（4月27日）开学，当时投考这所学校的学生要有举人、生员、贡生、监生的资格。取得招生考试第一名的达孚，是光绪二十三年（1897）的副贡，二十九年（1903）的举人。第一届入学的学生中，生员也不少：李元蘅（亦杭）、曹文麟（勋阁）、顾公毅（怡生）、保思毓（沄孙）、刘渭清（叔璜）……他们中的许多人后来成为南通实行近代教育的中坚力量。

录取通州民立师范学校本科甲班（第一届）的学生顾公毅后来撰文《开校时的几个回忆·开学的一天》回忆了学校行开学仪礼的情景，其文如下：

初一日晨八时行礼。届时本科四十九人，各戴红色纬冠，金色顶，著青灰色斗纹或标布夹袍，无色斗纹或标布夹马褂，此即校章规定春季常服。集候时孙堂东廊；讲习科不住宿校（有外省一人，外县二人特许住宿），届时到，集候西廊下。监理一一点名毕，杂务宋先生导总理、监理及木造、吉泽、王、池四教习，由时孙堂出。总理，翰林院修撰冠服，冠砗磲顶，着鹭鸶补服；监理，副贡生冠服，冠花金顶，着绣鹌鹑补服，从礼堂东梯升，本科、讲习科随之。礼堂中供孔子像及光绪帝影。既登堂，各立布垫前，一垫容三人。宋先生赞礼，先行谒圣礼，三跪九叩首；次行谒师礼，三长揖，总理以下答揖，最后同学相见礼，即分东西各立一揖，依次出，从西梯下。无琴可按，无歌可唱，而升降进退间，自有一种肃肃雍雍穆穆皇皇之气象。地方官绅皆于午前来校向张先生致贺，寿松堂上，一时翎顶辉煌……

通州师范学校外景

通州民立师范学校开学仪礼的此情此景不禁让人联想到昔时学宫文庙里的谒庙和丁祭礼，联想到学宫内儒学里的送学、宾兴礼。这些已经消失或将要消失的场景在新学校开校之时以类似的形式出现，这不是简单地对过去千年来教育逝去的留恋，而是隆重地迎接新型教育的到来。旧的包装带来新的期待，是新旧教育无缝的过渡和顺利的交接。南通近代教育开始了！

南通古代教育大事记

南北朝至唐（420—907）

　　南通地处"江淮之委 海之端"，远古时还在江口海域。其西北海安、如皋约在10 000年成陆；汉代开始，长江入海，江流减缓，所带泥沙逐渐沉积，终于成为大大小小的沙洲；沙洲又不断扩大，相互并接，前后约2 000年，形成了南通境。1949年中华人民共和国成立之时，南通境内有南通市和海安、如皋、如东、南通、海门、启东六县等行政区划。

　　南通成陆迟，直至南唐保大十年（952），如皋才设县儒学，南通教育才第一次有文字记载。

五代十国（907—960）

　　南通境内先属杨吴，为姚氏家族所管辖。南唐保大初年（约943），设静海都镇制置院。

南唐保大十年/后周广顺二年（952）

　　南唐复置如皋县，属泰州。

　　是年，南唐开进士科，如皋县设儒学，为南通境内设立的第一所地方官学。

后周世宗显德五年（958）

正月，周克南唐静海，设静海军。同年改建通州，领静海、海门两县，隶扬州。静海县为首县，州治设于静海县。

次年世宗病死，其子恭帝登位仅半年，赵匡胤兵变称帝，建立宋朝，时在后周显德七年（960）正月。

宋太宗太平兴国中（约978）

通州建先圣庙于城西南。

五年（980），知州曾环在州东城外一里建儒学。通州文庙（即先圣庙）与儒学几乎同时设立，但庙学未成合体。

宋太宗淳化四年（993）

胡瑗诞生于如皋县宁海乡，祖籍在陕西安定堡，世以"安定先生"称之。景祐二年（1035），范仲淹奏请苏州郡（府）学，聘胡瑗主讲，苏学成诸郡楷模，康定元年（1040），范仲淹邀胡瑗同赴陕西守边，方离开苏学。庆历二年（1042），应湖州知州滕宗谅之邀，至湖州州学任教授。胡瑗授教苏、湖，创"苏湖教法"。庆历四年（1044），朝廷诏取苏湖教法行于太学。皇祐末（约1054），胡瑗为国子监讲书，管勾太学前后七年，胡瑗教导有方，徒众日增，太学至不能容。嘉祐四年（1059）胡瑗以太常博士致仕，六月病故于湖州，葬湖州。次年家乡如皋立衣冠墓。宋神宗为胡瑗撰画像赞，欧阳修为之撰《墓表》，蔡襄为之撰《墓志》，后人或是称誉"自秦汉以来，师道未有过瑗者"。

宋真宗乾兴元年（1022）

通州知州王随迁文庙于州治东，即庙建州儒学，始成庙学合体、前庙后学的通州学宫。王随自为《记》。

宋仁宗皇祐五年（1053）

是年，江西宁都籍郑獬应进士试，中状元。自宋以来方志载，静海县进士张日用知新昌时，郑獬父为其下属，日用奇獬才，以女妻之，挈通授教，獬果大魁天下。南宋王应凤所撰《通州贡院记》中也有"游于斯则郑毅夫（獬的字）"之语，郑獬与通州有缘，故后人称郑獬是通州的"半个状元"。然有关郑獬家世的资料表明，獬父名郑纾，进士出身，累至祠部郎中，著名的蔡襄为他撰写了墓志铭，并非县属下的小吏。郑獬和通州的故事还是个待解的谜。

宋神宗熙宁九年（1076）

始于太医院置医学，设方脉科、针科和疡科。

宋徽宗大观四年（1110）

先是熙宁四年（1071）朝廷立太学三舍法，学生分外舍、内舍和上舍，依考试成绩及平时学行逐次升舍。上舍生可直接授官或减免程序。

是年，通州知州朱彦到职，多年来通州选送至太学的生员发展不佳，传因通州城内壮士武营的箭垛压了州学。朱彦将箭垛移走，当年选送的三生员皆进入上舍，知州和学官俱升官受奖。皇帝亲增通州学额三名，通州时有"利市州"之名，载誉全国。

宋徽宗政和七年（1117）

通州改为静海郡，通州州学亦升为郡学。不久复为州，仍为州学。

宋徽宗宣和元年（1119）

如皋县太学生王俊乂应上舍试，宋徽宗亲选为第一名，时称"释褐状元"。王俊乂任官后不趋权臣，未得重用，人品清正，《宋史》有传。

宋高宗建炎三年（1129）

金兵一度攻陷通州，通州知州吕伸弃城逃走。州城遭兵火之灾，学宫遭损。

宋高宗绍兴初（约1131）

通州知州康渊建斋舍，草创儒学于州治西。二十三年（1153），权知州方云翼复建通州学宫于州治东旧址。通州学宫之址以后一直未迁。

如皋县学宫迁至县治西南。

宋孝宗淳熙十年（1183）

通州知州蒋雝于州治东始建通州贡院。

宋宁宗嘉定年间（约1210）

知州乔行简移建通州贡院于光孝塔之西北，原紫薇书院处，淮南制司参议王应凤有《通州贡院记》。

紫薇书院为南通见诸文字记载最早的书院，未留下相关的具体记述（其址相传在清状元胡长龄在寺街北端的故宅处）。

宋理宗嘉熙二年（1238）

据王应凤所撰的《通州贡院记》载：是年通州参加礼部试，中进士五人，旧志其年仅录印应雷一人中式。

宋理宗淳祐二年（1242）

十月，蒙古兵攻陷通州，入城大肆屠杀，江南福山有僧隔江望通州，有诗见此惨变："见说通州破，伤心不忍言。隔江三日火，故里几人存？哭透青霄裂，冤吞白昼昏。时逢过来者，愁是梦中魂。"

通州学宫再遭严重损毁，残存明伦堂、大成殿，"生徒肄业无所，供养亦废"。宋咸淳二年（1266），通州知州冯弼、教授黄焱协同众人之力重建学宫的部分建筑，淮南制司参议王应凤有《通州重修学记》。

宋度宗咸淳四年（1268）

通州知州冯弼复移建贡院至州治西南，"东北扰海山楼"（通州南城楼名"海山楼"）。淮南制司参议王应凤有《通州贡院记》，此碑元至正中在城东南岳庙槁壤中发现，今存。

宋度宗咸淳八年（1272）

州人印应雷重建通州学宫。

印应雷，由进士知和州，抗元军。改知温州，累官至两淮安抚制置使、兵部侍郎、兵马都总管、静海县开国伯，卒赠端明殿学士。印应雷聪明英爽，视事肃然，退则孩稚可亲。

宋恭帝德祐元年/元世祖至元十二年（1275）

七月，元军占通州及附近。

宋端宗景炎元年（1276）

三月二十三日，文天祥至通州，闰三月十九日由通州石港附近卖鱼湾渡海去浙江、福建，在通州前后20余天。文天祥"留取丹心照汗青"的精神深受通州官民崇敬。此后，通州留下了纪念他的多处祠宇和书院，并以之教化后世。

元世祖至元十五年（1278）

通州升为路，原先的州也升为路学，隶属淮东路。未久，恢复为州，仍设州学。

元世祖至元年间

通州（路）设立的专科学校有医学、蒙古字学和阴阳学。

先是蒙古中统二年（1261），朝廷遣使往诸路设立医学。至元六年（1269），立诸路蒙古字学，颁行学规。至元二十八年（1291），朝廷始置诸路阴阳学。通州诸方志俱未载医学、蒙古字学和阴阳学在元代始建或存在的情况，但这三学校俱按朝廷之命在路（州）县设置，各地不会抗命，且这些学校都按朝廷要求，规定了学官，都有定的薪俸。《光绪志·职官》中也明载，元代通州（通州路）和静海、海门、如皋三县都曾设蒙古字学、阴阳学和医学学官，亦可见有相关学校存在。

元世祖至元二十三年（1286）

朝廷颁路劝农立社，规定"诸五十家为一社，每社立学校一，择通晓经书者为学师，弄隙使弟子入学"。

元世祖至元二十八年（1291）

诏令"先儒过化之地，名贤经行之所，与好事之家出钱粟赡学者，并立为书院"。元代书院官学化，国家拨予经费，设置学官，督导教学。通州虽无元设书院的记载，却存通州、静海、海门和如皋有山长、直学等书院学官之设，可见元四地皆有官学化的书院。

元惠宗至正二年（1342）

安远大将军张鼎、通州达鲁噶齐卜颜不花、州尹郭某（失其名）捐资，教授罗汶成主其事，重建大成殿。直学袁浩撰《重建大成殿记》与南宋王应凤《通州贡院记》分别刻在一碑的两面成双面碑，今存。

元惠宗至正十二年（1352）

海门县教谕刘璿于新县治礼按乡建儒学。次年，通州判官窦桂荣建海门县文庙。

元惠宗至正十三年（1353）

通州一带为张士诚所占，前后15年。

元惠宗至正二十七年（1367）

七月，朱元璋部徐达攻入通州。

明太祖洪武二年（1369）

诏天下州县均立学，府设教授，州设教谕，俱设训导副之。生员名额，师生廪膳各有定数。

废静海县，海门县仍为通州属县。静海县的儒学和其他县学校俱废。

明太祖洪武三年（1370）

《万历志》载：是年通州设医学。又载：后圮，嘉靖三十五年（1556）重建，位州治西。洪武十七年（1384），朝廷令立医学，迟于通州立医学15年。

海门县医学始建岁月失载，位县署大门西，县阴阳学西；如皋县医学设在县治东，建于洪武十七年（1384）。

明太祖洪武八年（1375）

　　明太祖下旨谕中书省，宜令有司更置社学，延师儒以教民间子弟。各地普遍设立社学。

明太祖洪武十七年（1384）

　　立阴阳学，府设正术，州设典术，县设训术。通州是年立阴阳学，先在州治北，后移察院东，其址曾有巷名阴阳巷；海门县阴阳学在县署大门东；如皋县阴阳学设于县治东。清代阴阳学继续设立，渐趋衰落。

明武宗正德八年（1513）

　　通州举人顾磐在西门外铁钱河附近建私人讲学的铁渠书院，南通境内私人讲学的书院很少。

明武宗正德十一年（1516）

　　海门县籍生员崔桐应乡试，中式为举人第一名解元，次年参加殿试又中式一甲进士及第三名，即探花，是为南通首位一甲入选人。

　　崔桐中探花后，授编修。因谏止皇帝南巡，受廷杖并罚俸。新帝即位"尊崇本生"，百余官员因为反对而下狱，并受廷杖，崔桐为其中一人。后出为湖广参议，累为国子祭酒礼部侍郎。崔桐忠介廉静，不苟荣禄，在事必尽其诚。《光绪志·名臣》有传。

明武宗正德十三年（1518）

　　通州知州蒋孔旸、海门县裴绍宗在通州余中场海门县新县治建学宫。

明世宗嘉靖四年（1525）

如皋县知县黎尧勋在原学宫东新建县学宫。

明世宗嘉靖七年（1528）

通州判官史立模在东门外龙津桥建崇川书院，毁于倭。

史立模，余姚人，进士。原任给事中，谏事左迁至通州。到职后毁淫祠以兴学，关心民间疾苦，疏请免除通州的种马钱（朝廷定通州贡马数，通州无法养马便以银两充抵）。

明世宗嘉靖十六年（1537）

通州同知舒缨在察院东（谯楼东邻）建崇川书院，亲至书院教授生徒。舒缨离通后，书院告废。

明世宗嘉靖中（约1543）

舒缨在宋通州小学旧址建学舍，采纳任南刑部主事时同行桂萼所制的《条规》办学，分堂教礼节、句读、书算和音乐，用实器和图画辅助教学。

舒缨，鄞人，进士，原任刑部主事，嘉靖十六年（1537）谪为通州同知，次年便离任，敏任事。制文庙乐器，建狼山楼宇，设讲塾，凿运河，垦草田，通州地方志皆有记述。

明世宗嘉靖二十四年（1545）

海门县治迁通州金沙场。权知县刘文荣于新县治再建县学宫。

明世宗嘉靖二十七年（1548）

巡盐御史陈其学于通州石港东山西建忠孝书院，纪念文天祥，海门县崔桐有《记》；清康熙三年（1664）改名文正书院,移建于东山(已名文山)之上,毁于日侵略战火中。忠孝书院前后延续有360年之久。

明嘉靖至万历年间(1522—1620)

通州有社学7所,各盐场有社学6所,海门县2所,如皋县拟建84所,嘉靖三年(1524)时有15所。今属海安县和如东县的各1所。

社学是奉朝廷之命设立的官学,官府提供经费、设备和师资,但常常不能持久正常运作。

明神宗万历中(约1596)

通州知州林云程在狼山建五山书院。

林云程,晋江人,进士,原任刑部郎中,谪任通州知州,到职后兴学黜邪,审决案件要在情理之中,官府派民税款徭役也不让吏役威逼,疏通市河,兴修狼山诸景,订正方志。振举废坠,尤不惮劳怨。

明神宗万历四十六年(1618)

是时,通州籍在京城高官连连被斥,举子进京参加会试、殿试中式者比往时为少。论者以为通州筑新城,开采了五山的石块,通州东南的地势偏低,破坏了风水。当时全国有大建风水塔之风,通州籍进士张元芳欲填高东南地势,在东南濠河之阳建了文峰塔。

崇祯中(约1636),张元芳又在文峰塔西侧建了一座三拱的石桥。桥孔与河中倒影成三圆,与乡试之首解元、会试之首会元、殿试之首状元的"三元"谐音,存科举夺"连中三元"之意。

明思宗崇祯十年（1637）

朝廷令天下府、州、县学均设武学生员。

清世祖顺治二年（1645）

清军南进，通州在籍前官员派人至扬州纳款，迎清军入城。

清世祖顺治九年（1652）

令乡置一社学，未能落实，后社学为义学所替代。

是年，顺治帝颁卧碑文，立于各地儒学明伦堂。

清圣祖康熙十一年（1672）

海浸不断，海门县裁撤为海门乡，海门县学建700余年后，亦告废。原县学的学额、经费等属海门乡，附通州学。

清世宗雍正元年（1723）

定州县设立社学、义学例，凡大乡镇各置社学，教年十二以上、二十以下有志学文者。

清世宗雍正二年（1724）

通州升为直隶州，隶江苏政使司，领如皋、泰兴两县。乾隆二十六年（1761），改隶江宁布政使司。直隶州类同于府，直隶州地方官学类同于府学。

知州白映棠于州治东察院（昔时巡察盐政至通州的官署）旧址建通州试院，作为通州和所属的如皋、泰兴两县及静海乡的举子参加科举的试场。通州在升直隶州前，通州及如皋、泰兴两县和静海乡籍的举子应府试、院试等科举试要到泰州，参加扬州府的各项考试。通州升直隶州后，有自己的试场，举子省却许多羁旅之苦。

清世宗雍正四年（1726）

通州生员马宏琦应顺天乡试（北闱）中举，次年连捷，殿试一甲赐进士及第第三名探花。《光绪志·宦绩》有传。

马宏琦任吏科给事中，巡中西南城，所至肃然。巡漕天津，救济灾民，建议开海禁，运粮解民困。

清高宗乾隆元年（1736）

朝廷谕各地加强对书院的管理，慎选院长，严律学规。

清高宗乾隆十一年（1746）

如皋县知县赵廷健应县人热议，在胡瑗家乡建纪念他的书院。次年，在北宋文学家曾巩读书的隐玉斋西建成，初名"雉水书院"。道光元年（1821），知县托克托布重加修缮，并改名"安定书院"，光绪二十七年（1901）遵朝廷之旨废书院。

十二年（1747），通州知州董权文于城内西北隅建紫琅书院，规模粗具，因经费困难而未全部完工。

乾隆三十一年（1766）知州沈雯得众人相助，终于告竣，给事中王曾翼有《记》。清末，书院遵旨停办。

清高宗乾隆三十三年（1768）

划通州、崇明等11沙和新涨之沙，于茅家镇设海门直隶厅，厅长官为同知。直隶厅与直隶州、府行政区划类同，为避免地名混淆，海门乡改名"静海乡"，乡学亦称"静海乡学"。

清高宗乾隆四十年（1775）

监生程旭捐田，于泰州海安城（现为南通市属海安市）建明道书院。

清高宗乾隆四十一年(1776)

同知徐文灿建海门厅学宫。海门厅始有文庙和儒学,为南通境内最后建的学宫。

清高宗乾隆五十四年(1789)

通州生员胡长龄参加乾隆四十八年(1783)乡试,中举后六年参加殿试,获一甲进士及第第一名,为首名通州籍的状元。

胡长龄历任侍讲学士、国子监祭酒,官至礼部尚书。为官清正,精研经史,工诗赋,史学造诣尤深。与通州马有章、李懿曾有"江东三俊"之称。《光绪志·文苑》有传。

清仁宗嘉庆六年(1801)

是年,通州生员马有章取会试贡士之首的会元,却未能进入一甲进士及第,而离他乡试中举已过22年。马有章后任内阁中书,《光绪志·文苑》有传。

清仁宗嘉庆十四年(1809)

海门厅厅治后有山似狮,名为"师山",半里处建书院,名"师山书院",三年后建成。

光绪七年(1881),通州张謇冒籍如皋应童子试,身陷危局,海门厅训导赵菊泉和师山书院山长王汝骐识才、爱才。赵菊泉让张謇住入训导署,并亲授学业;王汝骐录取张謇入书院,发给膏火,助张謇渡厄,张謇终身不忘赵菊泉和王汝骐师恩。

清宣宗道光年间(1821—1850)

通州武陵堂顾氏家塾,声誉卓著百余年。《光绪志》载,至通州七世顾鸣"家既落,以舌耕赡甘旨"(旧称,以授徒讲学谋生为"舌耕")。民国《南通县图志》为顾鸿之子金标、金楠立传，称其"以文学教授乡里弟子"。顾氏家塾育材有成，顾鸿以下不到百年，出4名贡生、7名举人和4名进士，其中光绪九年（1883），顾鸿的孙子曾煊、曾灿以及曾煊之子儒基参加会试，同科中式，有"父子兄弟叔侄同科"的佳话；通州城里又有"进了顾氏家塾，至少也可考上秀才"的议论。在通州编纂地方志方面，顾家有重要的地位，顾鸿与其孙曾焕、曾煊分别是道光《江南直隶通州志》和光绪《通州直隶州志》的实际纂修者。前志虽只刻成七卷，却能充分反映地方特色；后志能集前志之长，纠舛误，详加搜讨，征信缺疑，是部有重要价值的志书。顾氏家塾培养出了纂修地方志的人才。

清宣宗道光三年（1823）

通州生员王广荫应殿试，获一甲进士及第第二名，即榜眼，他于嘉庆十八年（1813）乡试中举。

王广荫中榜眼后，授翰林院编修，累官至工部尚书。时咸丰帝即位诏求贤才，王广荫疏荐在新疆充军的林则徐，奉命恭送道光帝遗容去盛京，途中受风雪之侵而病逝。广荫生员时授徒有法，及居高官后仍清苦如故。《光绪志·名臣》有传。

清德宗光绪二十年（1894）

通州张謇经过8次院试，6次乡试，第五次会试后，殿试中一甲进士及第第一名，即状元。张謇的科举经历从同治九年（1870）参加县试起，至大魁天下，前后历经24年。

张謇中状元后，照例任翰林院编修，他未求在仕宦途上发展，转而回家乡发展实业和教育，推动近代事业的发展，影响国内，成为中国近代历史上一位有重要地位的人物。

清德宗光绪二十七年(1901)

湖北总督张之洞、两江总督刘坤一联名奏请,以书院积习过深,必须正其名为学。光绪帝准其奏,着各省所有书院均改设大学堂,各府及直隶州均改为中学堂,各州县均改为小学堂。是年,通州紫琅书院改为通州公立高等小学校;通州石港文正书院改为高等小学堂(后称"南通县第六高等小学校");如皋安定书院改为安定小学堂,现为安定小学;海安明道书院废办后,改设明道初级小学。

历史上南通境内书院名存的计24所,官学化的书院约占百分之七十。

清德宗光绪二十八年(1902)

张謇于通州千佛寺旧址筹建初级师范学校,次年四月初一(1903年4月27日)开学,招四年制本科一个班,一年制讲习科一个班,为中国第一所多学制初级(中等)师范学校,定名"通州民立师范学校"。这所学校为南通近代及现代教育培育师资,贡献巨大,它的建立标志着南通古代教育的终结和近代教育的肇始。

清德宗光绪三十一年(1905)

九月,袁世凯奏请立停科举,推广学堂,清朝廷准奏诏:自丙午(1906)科始,所有乡会试岁科考一律停止,于乡城各处遍设蒙学堂。